Über alle Meere

MIT AIDA IN DER WELT ZU HAUSE –
SIEBEN REISETAGEBÜCHER

Auf zu neuen Horizonten!

Schon vor mehr als 2000 Jahren lockten die Weiten des Ozeans Seefahrer:innen aufs Meer, um auf abenteuerlichen Reisen die Neugier zu stillen: Welche Länder gibt es hinter dem Horizont zu entdecken? Welchen Völkern kann man begegnen? Bis heute inspiriert diese Abenteuerlust weltoffene Menschen dazu, auf dem Seeweg fremde Länder anzusteuern und andere Kulturen kennenzulernen. Unterwegs mit dem Meeresrauschen im Ohr einfach mal die Seele baumeln zu lassen: Wo ginge das besser als auf einem Kussmundschiff?

Begleitet von tollen Fotografen, brachen sieben Autor:innen mit unterschiedlichen AIDA Schiffen in die Weiten der Weltmeere auf und berichten hier von ihren aufregenden Reisen. Sie erzählen von Meeresstimmungen, vom Gefühl, das sich einstellt, wenn der Horizont sich weitet, und schwärmen von den Landgängen, die sie rund um den Globus in fremde Kulturen und Lebensweisen eintauchen ließen. Sie flogen mit einem Wasserflugzeug über den Eidfjord, schnorchelten im Sanguinaires-Archipel zwischen bunten Fischen und kamen den Big Five Afrikas auf einer Safaritour im Addo-Elefanten-Nationalpark ganz nah. In Manama besuchten sie mitten in der Wüste den Baum des Lebens – und schlenderten auf Fuerteventura gemütlich durch die malerische Altstadt von Betancuria.

Abends kehrten sie zurück auf das Schiff, erfreuten sich von ihrem Balkon aus an der Aussicht aufs Meer oder schaukelten in der Hängematte gemütlich in den Sonnenuntergang. Auch die Seetage boten ihnen aufregende und inspirierende Stunden. In einem Kochkurs lernten sie die Kunst des Sushirollens, ließen sich im Time Maschine Restaurant bei einer fantastischen Reise durch Raum und Zeit verzaubern und gönnten sich im Body & Soul Spa Erholung. Einfach mal nichts tun – es kann so schön sein! Und das beim Blick auf malerische Küsten und wogende Wellen. Sie bereisten die Welt komfortabel und genossen das entspannte Bordleben: Unterwegs erlebten sie das angenehme Gefühl, mit guten Freund:innen unterwegs zu sein, und teilten die gemeinsamen Erlebnisse. Mit einem Lächeln entdeckten sie die Welt.

Inhalt

94

158

68

122

14

Ein Kussmund und seine Geschichte

Sanft geschwungene Augen und ein keckes Lächeln auf roten Lippen: Jedes Schiff der AIDA Flotte trägt das besondere AIDA Gefühl stolz auf dem Bug nach außen.

An ihrem Gesicht lassen sich die Kussmundschiffe seit mehr als 25 Jahren bereits aus der Ferne erkennen. Die farbenprächtige Bemalung war zu jener Zeit eine absolute Revolution – genau wie eine völlig neue Kreuzfahrtphilosophie und der Bau des perfekt dazu passenden Schiffs. In den frühen 1990er-Jahren, schon kurz nach der deutschen Wiedervereinigung, setzten sich Seefahrtspezialist:innen der Deutschen Seereederei in Rostock sowie ehemalige Robinson-Club-Mitstreiter:innen an einen Tisch. So unterschiedlich sie auch waren, so verschieden ihre Erfahrungen, Lebensgeschichten, Berufslaufbahnen – sie alle hatten das gleiche ambitionierte Ziel: Seereisen komplett neu erfinden. Sie wollten weg vom beinahe schon verstaubten Image der Kreuzfahrt hin zu einem modernen wie beliebten Clubkonzept auf hoher See und sich vom elitären Captain's Dinner, von Abendkleid- und Smokingpflicht verabschieden. Das ausgewählte Team rund um Horst Rahe und Michael Thamm erkannte schnell: Dafür brauchte es ein ganz anderes Schiff. Und obwohl sie von der Branche skeptisch beäugt und belächelt wurden, ließen sie sich nicht beirren.

EINE VISION WIRD REALITÄT

Ein herausfordernder Prozess begann. „Es war nicht immer Friede, Freude, Eierkuchen", erinnert sich Volker Zausch, der damals der erste AIDA Kapitän werden sollte, zurück. „Aber wenn man sich streitet, kommen häufig die besten Sachen heraus." Heiß diskutierten sie also viel. Doch Lösungen fanden sie jedes Mal. Bis dann 1996, nach nur 22 Monaten Bauzeit im finnischen Turku, aus dem gemeinsamen Traum Wirklichkeit wurde: in Form eines Schiffs, das vom Bug bis zum Heck exakt nach den Vorstellungen und Plänen der Visionär:innen entstand – und in dessen Konzept viel Herzblut floss. Aus dem Team hatte vorher übrigens niemand ein solches Schiff gebaut. „Jeder Schritt war neu für uns", sagt der heutige Vice President Newbuildings Christian Schönrock. „Unsere Philosophie dabei war, dass wir nie gesagt haben, dass etwas nicht geht, sondern uns eher gefragt haben, wie es sich umsetzen lässt." Im Juni 1996 taufte Christiane Herzog, Ehefrau des damaligen Bundespräsidenten Roman Herzog, das Schiff schließlich in Warnemünde auf den Namen AIDA.

Einer der ersten Pläne verspricht Sommerurlaub pur an Deck: Sonnenbaden, Pool und sportliche Aktivität.

DAS IST AIDA!

Doch was machte AIDA eigentlich so besonders? Und warum verursachte es einen solchen Aufruhr in der Kreuzfahrtwelt? Ganz einfach: Das Clubschiff war von innen und außen eine echte Revolution! Allein sein von Künstler Feliks Büttner kreiertes, fröhliches Äußeres stach aus der immer weißen Flut klassischer Kreuzfahrtschiffe hervor. Unkonventionelle, mutige, wegweisende Elemente prägten auch das Innenleben – und zwar sowohl optisch als auch konzeptionell. Kai Bunge und Siegfried Schindler hauchten den Designideen mit ihrem Architekturbüro Partner Ship Design Leben ein: keine Spur mehr von kühl eingerichteten Kabinen. Stattdessen warme Farben, gemütliche Sitzecken, weiche Teppiche, Baldachine. Kaum an

AIDA WISSEN

DIE AKTUELLE AIDA FLOTTE

AIDAdiva, AIDAbella und AIDAluna: erste Schiffsklasse mit Theatrium.

AIDAblu, AIDAsol, AIDAmar und AIDAstella: erste Schiffsklasse mit Brauhaus; AIDAsol nutzt in Hamburg als erstes Kreuzfahrtschiff Europas erste Landstromanlage im Regelbetrieb.

AIDAprima und AIDAperla: Dual-Fuel-Motor kann im Hafen mit LNG betrieben werden, überdachter Beach Club und Skywalk.

AIDAnova: weltweit das erste Schiff, das vollständig mit LNG betrieben werden kann.

AIDAcosma: Ocean Deck mit Infinity-Pool am Heck, kann vollständig mit LNG betrieben werden.

Bord, sollten die Gäste sofort im Urlaub ankommen und in lockerer Atmosphäre entspannen können. Allein das liebevoll gestaltete Interieur des gesamten Schiffs führte dazu, sich sofort zu Hause zu fühlen. Bahnbrechend war vor allem der Bruch mit gewohnten Traditionen. Wozu eine Kleideretikette auf Reisen? Weg mit dem vornehmen Luxusgedanken! Auch feste Sitzordnungen in den Restaurants gehörten nun der Vergangenheit an. Große Tische und eine sternförmige Bar sorgten für das Gegenteil: Reisende lernten einander schnell kennen, während sie sich im sogenannten Markt Restaurant auf köstliches, frisch an Live-Cooking-Stationen zubereitetes Essen freuen konnten. Überhaupt war der Buffet-Gedanke für die Branche wirklich außergewöhnlich. Großzügige Sonnendecks, spezielle Kinderbereiche, ein Theater für eine neue Form von Entertainment: Mit dieser wunderbaren AIDA Vielfalt schlichen sich Seereisen erst langsam, dann immer schneller in die Herzen der Menschen, für die ein solcher Urlaub bislang nie infrage kam.

DER ZUKUNFT ENTGEGEN

Der allerersten Kussmundschönheit AIDA, die später den Namen AIDAcara erhielt, folgte eine ganze Flotte lächelnder Schiffe. Der Pioniergeist aus jenen Anfangszeiten ist dabei immer erhalten geblieben. Ob es nun um weitere innenarchitektonische Herausforderungen ging – ein mittig im Schiff platziertes Theatrium und das erste Brauhaus auf dem Meer

An Bord kann man an den vielen Bars köstliche Getränke genießen und mit anderen Gästen ins Gespräch kommen. Aufregend wird es bei den zahlreichen spektakulären Shows, die auf den Schiffen geboten werden. Seit dem Bau von AIDAdiva ist das Theatrium das neue Herzstück der Schiffe.

beispielsweise – oder darum, mit jedem Neubau noch abwechslungsreicher und technisch innovativer zu werden: Für die Reederei war und ist Stillstand nie eine Option. Insbesondere Nachhaltigkeit und Umweltschutz gehörten schon früh zu den wichtigsten Themen. Aus diesem Grund wurde bereits seit 2004 beim Bau aller Schiffe der AIDA Flotte die Nutzung von Landstrom berücksichtigt. Und immer wieder geht AIDA als Pionier voran – wie beispielsweise 2018, als mit AIDAnova das erste Kreuzfahrtschiff der Welt in See stach, das vollständig mit emissionsarmem Flüssigerdgas (LNG) angetrieben werden kann. 2022 wurde auf AIDAprima das aktuell größte maritime Batteriespeichersystem installiert und erstmals Biokraftstoff eingesetzt. AIDA strebt bis spätestens 2050 den klimaneutralen Betrieb der Flotte an und arbeitet bereits heute an Plänen für den Bau des ersten Zero-Emission-Schiffs. Ein riesiger Schritt! Der vor etwas mehr als 25 Jahren mit einer einfachen, aber spektakulären Idee begann.

Abenteuer Nordatlantik

Der nördliche Teil des zweitgrößten Ozeans der Welt erstreckt sich von der Arktis bis nach Westafrika. Das wilde Norwegen lädt zu einer atemberaubenden Rundreise auf den Spuren der Wikinger ein – im ruhigen Süden liegen die kleinen Inseljuwelen der Kanaren.

Nuuk
Reykjavík
Reisetagebuch: „Mädelstrip" ab Seite 14
Orkneyinseln
Edinburgh
Southampton

Nordatlantik *Häfen*

HÄFEN DER REISEROUTE

WEITERE SPANNENDE AIDA HÄFEN

Mit einem Feuerwerk zum Hafengeburtstag startet die Reise von Hamburg aus und führt die beiden Schwestern ins wunderschöne Norwegen mit seinen typischen Holzhäusern, wie hier in Haugesund.

Zeit für Sushi! An Bord genießen Juliane und Bernadette kulinarische Highlights.

Norwegen wartet!

Bunte Holzhäuser, leckerer Fisch und einzigartige Erlebnisse: Zwischen schneebedeckten Bergen, von denen tosende Wasserfälle stürzen, schippern die beiden Schwestern Juliane und Bernadette durch die faszinierende Natur Norwegens.

Gischt, Wellen, die Weite des Meeres. Als ich am Sonntagmorgen die Augen öffne, kann ich es kaum fassen, welch wunderschönes Poster ich mir da vor das Bett gehängt habe. Doch die Wellen bewegen sich, die Wolken ziehen vorüber, ich schwanke sanft in meinem Bett. Es ist kein Traum, ich bin wirklich auf dem Meer! Ein Glücksgefühl!

Ich habe noch nie eine Kreuzfahrt gemacht, dachte immer, das wäre nicht so mein Ding. Als meine Schwester Bernadette und ich eine Woche Mädelsurlaub planen, um einmal von der Arbeit und vom Alltag abzuschalten, kommt uns jedoch diese Idee. Gedacht, getan: Wir fahren mit AIDAprima nach Norwegen. Sieben Tage Erholung, Seeluft und Abenteuer, sieben Tage nur für uns.

LEINEN LOS!

Gigantisch. Das ist unser Eindruck, als wir am Hamburger Hafen Steinwerder ankommen und AIDAprima zum ersten Mal vor uns sehen. Wir haben keine Ahnung, wie wir uns so eine Welt auf dem Wasser vorzustellen haben. Da es ja unsere erste Kreuzfahrt ist, nehmen wir uns für unsere Urlaubswoche vor, möglichst viel Neues auszuprobieren. Hamburg verabschiedet uns mit einem Feuerwerk zum Hafenfest. Wir suchen auf unserem Schiff einen guten Platz, um das Auslaufen zu beobachten, und landen prompt in der Spray Bar. Das weiß-futuristische Ambiente gibt uns ein bisschen das Gefühl, in der Zukunft zu sein, „Echt spacig", meint Bernadette, während hinter uns das beeindruckende Feuerwerk in den Nachthimmel steigt.

Im Hamburger Hafen wartet das Museumsschiff Rickmer Rickmers auf einen Besuch. Hinter ihm erhebt sich die Elbphilharmonie.

NICHT VERPASSEN Hamburg

ELBPHILHARMONIE Über die moderne „Tube", die gebogene Rolltreppe, geht es zur Plaza der „Elphi", Hamburgs jüngstem Wahrzeichen. Von der öffentlichen Aussichtsplattform des architektonischen Meisterwerks fällt der Blick auf den Hafen, die Elbe und die Stadt. Wer die Elphi näher kennenlernen möchte, besucht sie bei einer Führung oder lauscht einem der beeindruckenden Konzerte.

MUSEUMSSCHIFF RICKMER RICKMERS Elegant liegt das grüne Frachtsegelschiff im Hamburger Hafen und bietet allerlei Abwechslung: in den Wanten klettern und sich 35 m über dem Wasser am Ausblick erfreuen, im Escape Room über Rätsel grübeln oder die vielen einzelnen Ausstellungen wie die „Galerie unter der Elbe" inspizieren.

GÄNGEVIERTEL 2009 besetzten ca. 200 Künstler:innen einen Gebäudekomplex rund um den Valentinskamp, um die historischen Häuser des früheren Arbeiterviertels vor dem Abriss und dem Verfall zu bewahren – mit Erfolg. Das Gängeviertel wurde zu einem Sozialprojekt, einem charmanten, quirligen Ort, an dem heute u.a. alte Fachwerkhäuser, farbenfrohe Street-Art und Ateliers zu finden sind.

HAMBURG DUNGEON Die finstere (und wahre) Geschichte Hamburgs wird im Dungeon auf schaurig-spaßige Weise erlebbar: Es warten packende Live-Shows mit professionellen Darsteller:innen, ein Indoor-Freifallturm und vieles mehr.

Eng bebaute Wohnquartiere, verwinkelte Gassen und versteckte Hinterhöfe: Das heutige Gängeviertel ist ein kunstvolles Labyrinth.

Das Denkmal in Ferkingstad erinnert an die, die beim Fischen ihr Leben auf See ließen. In „Verdens minste kafé" in Skudeneshavn serviert Ruth Waffeln.

AIDA WISSEN REZEPTION

Die Rezeption steht den Gästen rund um die Uhr als zentraler Service- und Informationspunkt zur Verfügung. Hat man z. B. die Bordkarte verloren, der Postkarte fehlt noch das passende Porto oder die Powerbank hat den Dienst versagt: An der Rezeption wird bei allen Fragen, Wünschen oder Hinweisen gern weitergeholfen. Außerdem ist sie der Anlaufpunkt für Fundsachen, Verlustmeldungen, Verleihmöglichkeiten und vieles mehr. In der Kabine wählen Gäste am Telefon einfach die 5000.

EIN CAFÉ AM ANDEREN ENDE DER NORDSEE

Nach 456 Seemeilen heißt es: „Norwegen ahoi"! Das Land ist neu für uns. Wir fahren mit dem Bus ins niedliche Skudeneshavn auf der Insel Karmøy, bequem vorab online gebucht über myAIDA. Angekommen, verlassen wir die Gruppe und schlendern durch das sehr ruhige Fischerdorf. An diesem Montagmorgen ist es menschenleer.

Wir freuen uns über die landestypischen Holzhäuser, lassen uns treiben, genießen den Blick auf die bunten Boote und das Wasser. Und dann treffen wir doch noch jemanden: In einem schönen Eckhaus betreibt Ruth Hermanns das schnucklige „Verdens minste kafé". Wir gönnen uns einen Cappuccino, auch die Waffeln sehen gut aus. Die gebürtige Aachenerin ist vor sechs Jahren aus Mexiko hierhergezogen. Ruth liebt es, mit Gästen im Café zu plaudern, die Ruhe der Gegend – und möchte sie einmal unter Menschen sein, ist die nächste größere Stadt, Haugesund, nur 45 Minuten Autofahrt entfernt. Für Norwegen ein Katzensprung.

SCHMÖKERSTUND' MIT KATZ UND HUND

Wir schauen uns Haugesund an, denn dort liegt unser Schiff. Die Stadt hat die längste Fußgängerzone Norwegens, die Haraldsgata, klärt uns Scout Svenja vor unserem Stadt-

Die charmante Kleinstadt glänzt mit maritimer Kultur und historischem Erbe.

TIPP

Hering steht in Haugesund häufig auf der Speisekarte und sollte gekostet werden. Die „Heringstadt" präsentiert den Fisch in allen erdenklichen Variationen. Und im August gibt es in der Haraldsgata das längste Heringsbuffet der Welt!

NICHT VERPASSEN
Haugesund

HARALDSHAUGEN Etwa 2 km nördlich von Haugesunds Stadtmitte ragt das Nationaldenkmal empor – hier soll der erste König Norwegens, Harald Schönhaar, begraben liegen. Beim Monument bieten sich bezaubernde Blicke aufs Meer, ein schöner Küstenpfad verläuft am Ufer entlang, und Schafe grasen gemächlich auf den Wiesen.

FORMBAR GLASSVERKSTED Mitten in Haugesund liegt diese Glaswerkstatt. Besucher:innen können den drei Glasbläserinnen bei ihrer anspruchsvollen Arbeit zusehen und handgefertigte Kunstgegenstände aus Glas erwerben.

HARALDSGATA Bei einem Spaziergang in der Fußgängerzone locken behagliche Cafés, Restaurants, Boutiquen und Nischengeschäfte. Shoppingfans können etwa in der kleinen Modeboutique „Pie" tolle Kleider und kuschlige Winterjacken kaufen oder in der Bäckerei „Lutchfood" bunte Köstlichkeiten mit Streuseln naschen. Das „Shabby Records" etwas abseits lässt das Herz von Musikliebhaber:innen höherschlagen. Hier entdeckt man das ein oder andere Vinyl-Juwel.

STADTNAHE ABSTECHER Ruhe, herrliche Natur und Wanderwege: Rund um den See Eivindsvatnet lädt das Naherholungs- und Wandergebiet Djupadalen zum Spaziergang ein. Es schließt sich direkt an Haugesund an. Eine großartige Aussicht auf die Stadt und das Meer wiederum eröffnet sich, nach einer Taxi- oder Busfahrt, vom Steinsfjellet.

bummel auf. Es gibt wirklich ein paar spezielle und beinahe kuriose Geschäfte, aber wir finden die Straße ziemlich kurzweilig, hat man doch so viel zu entdecken! Plötzlich stehen wir vor einem Haus mit einer roten englischen Telefonzelle am Eingang. Im Obergeschoss betreten wir einen magischen kleinen Buchladen. Hier bietet der Brite Runa eine tolle Auswahl origineller Ausgaben von Klassikern der Weltliteratur an. Wir schmökern uns durch die Bücher. Dabei werden wir neugierig von Hund Edward und dem flauschigen, orangefarbenen Maine-Coon-Kater Henry beobachtet, der auf den Büchern lümmelt. Die beiden gehören quasi zum Inventar, denn sie begleiten Runa jeden Tag von der Wohnung ins Geschäft – beides liegt im selben Haus. Danach erkunden wir das „Krimz Kramz", in dem wir zwischen originellen und wunderlichen Objekten wie alten Spielautomaten oder Plakaten stöbern. Schließlich möchten wir gern typisch norwegisch essen und entdecken das „Dattera til Lothe", einen stylishen Laden mit vielen gemütlichen Sitzecken. Bernadette bestellt ein Krabbensandwich, ich den Burger „Den Blå Umamien" mit Rindfleisch, Pilzen, Blauschimmelkäse und Trüffelmayonnaise. Dazu ein einheimisches Kinn-Bier – lecker!

ALLES UNTER EINEM DACH

Unsere Entdeckungstour für Neues geht am Seetag an Bord weiter. Zuerst besuchen wir den Klettergarten auf dem Activity-Deck Four Elements ganz oben am Heck des Schiffs. Wir werden eingewiesen, gut gesichert starten wir. Die beiden ersten Hürden haben es gleich in sich, meine Schwester ruft mir mit zitternden Knien vom „Fliegenden Teppich" aus zu: „Das war eine blöde Idee." Doch wir geben nicht auf, ziemlich schnell macht das Klettern richtig Spaß! Ein wenig surreal kommt es mir vor, dass ich beim

In der Buchhandlung „Den Lille Bokbutikken" stöbern die Schwestern nach englischer Lektüre.
Alles unter einem Hut: Im „Krimz Kramz" gleich nebenan entdecken sie allerlei Kuriositäten.

Hoch hinaus geht es für Juliane und Bernadette im Klettergarten. In der Kunstgalerie auf AIDAprima erzählt Galeristin Mercedes Interessierten täglich spannende Geschichten zu den Künstler:innen.

→ Four Elements

Wasser, Feuer, Erde und Luft sind jeweils durch einen eigenen Bereich auf dem Activity-Deck vertreten.

Klettern kurz den Blick über Menschen schweifen lasse, die gerade gemütlich im Familienkino sitzen oder es sich im Whirlpool gut gehen lassen, während wir in den Seilen kichern. Alles passiert gleichzeitig an einem Ort, faszinierend. Und dazu der fantastische Blick aus den großen Fenstern hier oben hinaus auf die Wellen und die dunklen Wolken, durch die ab und zu die Sonne blinzelt – wirklich besonders.

SCHLARAFFENLAND MIT AUSSICHT

Nach so viel Action brauchen wir erst einmal eine Stärkung und gehen zum Mittagessen. Kulinarisch ist AIDAprima ein Schlaraffenland, wir sind überwältigt von dem vielfältigen Angebot. Vor allem das Markt Restaurant gefällt mir wegen des tollen Rundumblicks aufs Wasser. Auch die asiatische Küche im East Restaurant mit seinem leckeren Butterhuhn hat es uns angetan. Bernadette verliebt sich in die filigranen Melonenschnitzereien am Buffet.

Anschließend erkunden wir weiter das Schiff und schlendern über die Außendecks. Der Wind peitscht über die Wellen und spielt mit der Gischt, toll sind sie, diese Wasserwölkchen. Wir probieren den Skywalk und erobern den Glasfahrstuhl, testen die Eisbar und schauen uns in der Kunstgalerie um. Galeristin Mercedes kennt sich bestens aus. Am Ende kaufen wir vier moderne Bilder von Malte Brekenfeld. Seine Bilder beeindrucken uns durch die Farbenpracht und die vielen Details, die teils skurril sind und uns – wieder einmal – zum Lachen bringen.

NICHT VERPASSEN

Geiranger

HELLESYLT Das charmante Dorf ist der Ausgangshafen für die Überlandsausflüge. Es liegt nicht weit von Geiranger entfernt und lässt sich hervorragend zu Fuß erkunden. Der idyllische Wasserfall „Hellesyltfossen" schlängelt sich durch die Dorfmitte.

NORSK FJORDSENTER In Geiranger startet der Wanderweg „Fossevandring", der am unteren Teil des Wasserfalls „Storfossen" entlang zum Norsk Fjordsenter hinaufführt. Das familienfreundliche Informationszentrum bringt Besucher:innen die zum UNESCO-Welterbe zählende Fjordlandschaft Westnorwegens näher.

GEIRANGER SJOKOLADE In einem kleinen, alten Bootshaus mit einem türkisfarbenen Fahrrad davor befindet sich das Schokoladenparadies! Ausgezeichnete Schokoladen in ungewöhnlichen Geschmacksrichtungen entstehen in der Manufaktur, können im heimeligen Café genascht und als Andenken gekauft werden. Wie wäre es z. B. mit dem Bestseller, der Sorte mit norwegischem Braunkäse?

AUSSICHTSPUNKT VESTERÅSFJELLET Ein traumhafter Ausblick auf den Fjord, die Kreuzfahrtschiffe und Geiranger bietet sich von der Aussichtsplattform Vesteråsfjellet auf 225 m Höhe. Die Route B führt zu diesem Ziel in den Bergen, gestartet wird beim Restaurant „Westerås Gard", das auch zur Einkehr einlädt.

Das Besondere an dem auf 550 m Höhe gelegenen Wasserfall „Storseterfossen" ist, dass man auch hinter die 30 m in die Tiefe stürzende Kaskade gelangt. Geiranger ist der perfekte Ausgangspunkt für Touren zu den Wasserfällen.

Zu später Stunde gönnen wir uns eine Weinverkostung in schummriger Atmosphäre. Nach einem Rosé, drei weißen und drei roten Weinen fragt Bernadette mit leicht geröteten Wangen: „Na, ob wir jetzt noch einen Cocktail vertragen?" Aber ja, schließlich ist noch Karaoke-Party im Brauhaus! Und dann fallen wir am Ende voller neuer Eindrücke zufrieden ins weiche Bett.

SIEBEN SCHWESTERN AM BERG, ZWEI SCHWESTERN IM FJORD

Wow! Als ich die Augen öffne und aus dem Verandafenster unserer Kabine schaue, komme ich aus dem Staunen nicht heraus: Draußen ziehen steile Felswände vorbei, grünschimmernd bewachsen mit Laub- und Nadelbäumen. Wildbäche formen sich zu Wasserfällen und stürzen weiß schäumend die Felsen herab. Als wir noch schliefen, sind wir in den Sunnylvsfjord eingefahren.

Ich genieße es, im kuscheligen Bett zu liegen, während draußen das Wasser und die wunderbare Landschaft vorbeiziehen. Nach dem Frühstück gehen wir aufs Außendeck, um das Spektakel an der frischen Luft hautnah zu erleben. Inzwischen fahren wir im Geiranger-

Norwegen pur: Mit dem Kajak durch die beeindruckende Fjordlandschaft oder mit dem E-Bike an der Küste entlang kommt man der Natur ganz nah. Bei einer Weinverkostung an Bord lassen sich die Tage perfekt ausklingen.

fjord weiter, einem der schönsten Fjorde Norwegens. Wir ziehen an den Wasserfällen „Sieben Schwestern" vorbei, sehen auf die schon schneebedeckten Gipfel der Berge ringsum, Regenbogen tanzen auf dem Wasser. Ehrfürchtig schaue ich auf diese Schönheiten der Natur. Später erobern wir den Fjord bei einer Kajaktour. Über das Wasser zu gleiten, macht Spaß, beim Blick zurück liegt AIDAprima lächelnd im Hafen. Da erst 20:00 Uhr wieder „alle Mann an Bord" sein müssen, haben wir noch Zeit, in Geiranger zum Aussichtspunkt Løsta zu wandern und von der kleinen Kirche im Ort den Blick auf den Fjord und die Berge zu genießen. Wieder zurück auf dem Schiff, nehmen wir Platz im Spezialitäten-Restaurant Casa Nova und bestellen Safranreis mit Jakobsmuscheln. Mmh!

DRAHTESEL UND TORTENSCHLACHT

Bei schönstem Wetter legen wir an Tag vier in Nordfjordeid an. Mit AIDA Scout Andy unternehmen wir eine Radtour an der Küste entlang. Das erste Mal mit einem E-Bike unterwegs,

Wellness Suite: Exklusiv gebucht, hat man die Suite für entspannende Stunden ganz für sich allein.

→ **Body & Soul Spa**

Auf bis zu 3500 m² bietet der Wellnessbereich Erholung und Entspannung mit Blick aufs Meer.

jubele ich meiner Schwester zu: „Das macht bergauf ja richtig Spaß!" Ein bisschen Kraft braucht man aber schon, doch zum Glück haben wir am Morgen im French Kiss – Die Brasserie ausgiebig gefrühstückt. Nach drei Stunden zurück im Ort, bummeln wir durch die Straßen und entdecken das urige Shabby-Chic-Café „Didriks Kafe & Gaver a/s". Durch die Fenster erspähen wir Oma-Sessel und weiße Tischdecken, umgeben von Vitrinen mit Andenken und Leckereien. „Nichts wie rein", rufen wir fast gleichzeitig und gönnen uns zwei köstliche Tortenstückchen, dazu Milchkaffee und Chili-Mokka. „Als gäbe es auf AIDA nichts zu essen", kommentiert Bernadette unser Gelage ironisch, und wir müssen beide grinsen.

IM APHRODITE-HIMMEL

„Meinst du wirklich, wir dürfen im Bademantel über die Decks laufen, vorbei an Bars, Shops und mitten durch das Theatrium?" Tja, gute Frage. Wir haben eine Wellness Suite gebucht und überlegen, wie wir möglichst ungesehen hinkommen. Schließlich machen wir es einfach, vorbei an Gästen in Jacken und Wanderschuhen. Es kommt uns erst etwas befremdlich vor, aber wir gewöhnen uns schnell daran und finden es toll, dass auf dem Schiff eben

→ Seite 28

NICHT VERPASSEN

Nordfjordeid

SAGASTAD Mit dem Nachbau des 30 m langen, außergewöhnlichen Myklebust-Schiffs kann man im Wikingerzentrum Sagastad eines der größten Wikingerschiffe bestaunen – und sogar betreten! Interaktive Ausstellungen über das Schiff und die Menschen sowie ein Virtual-Reality-Spiel ergänzen das Wissenschaftszentrum.

EID KYRKJE Ein Blick in die weiße Holzkirche mit den roten Ziegeln offenbart die prachtvolle Innenausstattung, darunter die sorgfältig geschnitzte Kanzel und wunderschöne Malereien.

VIKING WARRIOR Die Kletterhalle „Hamna Aktivitet og Helse" gleich beim Hafen ist eine Wikinger-Erlebniswelt für Kinder: Der einzigartige Viking-Warrior-Raum wurde liebevoll mit Elementen gestaltet, die an die Wikingerzeit und die Natur des Nordfjords erinnern – Zeit zum Klettern, Balancieren und Springen!

HJORTEGARDEN Hirschen ganz nahe zu kommen, ist auf der Hjortegarden in Ålfoten möglich. Im Rahmen eines AIDA Ausflugs werden Besucher:innen über die Hirschfarm geführt und dürfen die majestätischen Tiere füttern.

TIPP

Mit Highspeed durch den Fjord geht es bei einer Fahrt mit dem RIB (Festrumpfschlauchboot), die mit Stopps zum Fotografieren und Blicken auf die wunderbare Natur gekrönt wird.

Der Holzbau des Wikingerzentrums Sagastad beheimatet das Myklebust-Schiff. Einen Katzensprung entfernt liegt auch die Eid Kyrkje.

Aus den flachen, ruhigen Gewässern schrauben sich die wilden Berge Norwegens in eine atemberaubende Höhe, die staunen lässt. Der Geirangerfjord gehört mit seiner prächtigen Landschaft zu den schönsten Meeresarmen der Welt. Hier stürzen sich auch die Wasserfälle „Sieben Schwestern" beeindruckend über die Felskanten in die Tiefe.

In der Luft: Beim Flug über die herrliche Fjordlandschaft begeistert Norwegens Natur.

AIDA WISSEN

myAIDA URLAUBSPORTAL

Die eigene bevorstehende AIDA Reise lässt sich ganz leicht über das Onlineportal myAIDA verwalten. Hier reservieren Reisende bequem von zu Hause aus Ausflüge, Getränkepakete, Spa-Anwendungen und vieles mehr. Außerdem können Informationen zu Check-in-Zeiten oder zur Reiseroute abgerufen werden. Um aus dem ganzen Angebot wählen zu können, wird eine frühzeitige Reservierung empfohlen.

jeder genau das machen kann, worauf er gerade Lust hat. Und wir haben Lust auf private Sauna, Wasserbett und Whirlpool. Der ganze Spa-Bereich mit den grün-weißen Mosaikfliesen gefällt mir so gut! Entspannen und dabei aufs Wasser schauen ist einfach wunderbar.

FAST ÜBER DEN WOLKEN ...

... oder besser gesagt mitten in den Regenwolken stecken wir bei unserem abenteuerlichen Ausflug mit dem Wasserflugzeug in Eidfjord, gebucht auf myAIDA. Wir befinden uns nun auf 60°28′ nördlicher Breite und 7°4′ östlicher Länge und sind froh, dass bei diesem Wetter das Flugzeug doch abhebt. Pilot Christian ist guter Dinge, und so steigen wir hinauf über den Fjord, über Wasserfälle und Schafherden hinweg. Nur bis hoch zum Gletscher kommen wir aufgrund der eingeschränkten Sicht leider nicht. Das macht aber nichts, die neuen Perspektiven und die engen Kurven in dem kleinen 5-Personen-Flugzeug machen genug Gaudi.

Abends wartet ein weiteres Highlight auf dem Schiff auf uns: unsere erste Silent Party. Es ist schreiend komisch, auf der vollen Tanzfläche im Beach Club neben blau leuchtenden Kopfhörern zu tanzen, die „Atemlos" spielen, während die roten Kopfhörer ABBA-Hits

IM GESPRÄCH …

… mit dem Shore Excursion Manager

Mario Grimmer ist eigentlich Tauchlehrer. Damit startete auch seine Karriere bei AIDA. Über den Activities Supervisor arbeitete er sich hoch bis zum Shore Excursion Manager.

Was genau machen Sie in Ihrem Job?
Als Shore Excursion Manager bin ich für alle Ausflüge an Land, also sämtliche Bus- und Fahrradausflüge, zuständig, und in dieser Schiffsklasse bin ich zudem für den Klettergarten verantwortlich. Auf den größeren Schiffen wie AIDAnova gehört auch ein Mystery Room dazu und auf AIDAcosma ein Spiel mit VR-Brille.

Sie sind also auf verschiedenen AIDA Schiffen unterwegs?
Ja klar, wir von der AIDA Crew wollen auch neue Destinationen kennenlernen, und da wechseln wir gern die Schiffe und Zielgebiete.

Worauf müssen Gäste bei der Ausflugsbuchung achten?
Man sollte am besten vorab die Ausflüge auf myAIDA buchen, das ist bis drei Tage vor der Reise möglich. An Bord geht es über das Bordportal oder direkt am Counter. Wenn Ausflüge, z. B. Wanderungen, besonders anspruchsvoll sind, werden die Gäste darauf hingewiesen.

Wie genau funktioniert die Organisation von Ausflügen?
Wenn Gäste auf myAIDA vorbuchen, bekommen wir diese Infos zwei Tage vor der Reise aufs Schiff gespielt und verteilen sie auf unser Personal. Zuvor fanden Vorbereitungen durch das Team in Rostock statt: Ziele müssen angeschrieben werden, welche Ausflüge verfügbar sind, welche Uhrzeiten, welche Kontingente. Die Gäste an Bord bekommen dann Ausflüge und Uhrzeiten im myAIDA Bordportal eingetragen.

Woher wissen die AIDA Biking Guides ihre genauen Routen?
Radtouren können wir komplett selbst entwickeln, die E-Bikes haben wir hier an Bord. Bevor eine Tour den Gästen angeboten wird, schauen wir nach Routen. Gibt es noch keine, werden Ziele herausgesucht, die man sehen möchte, und es wird geprüft, ob es mit dem Fahrrad machbar ist, nach Höhenmetern, Gesamtkilometern etc. Nun erkunden die Biking Guides die Strecke, dann geht der Vorschlag nach Rostock. Von dort kommt das Okay. Reisende, die eine Radtour gebucht haben, erhalten am Pier die bereitstehenden Räder und die Helme.

Was gefällt Ihnen am besten an Ihrem Job?
Ich kann mir meine Arbeit selbst einteilen, kann auch mal mit raus. Es macht Spaß, mit Menschen aus 30 Ländern zusammenzuarbeiten, friedlich und mit Respekt.

Am Strand des Sees Eidfjordvatnet genießt man die Ruhe der Natur und anschließend Kuchen und Kaffee in einem der kleinen Cafés.

NICHT VERPASSEN

Eidfjord

FJELL & FJORD KAFE OG KREMMERI Leckere Kuchen, Sandwiches, Pizzen, regional produzierte Säfte, Tee und guter Kaffee – das alles wird in dem kleinen, schönen Café in Hafennähe serviert. Im angeschlossenen Shop gibt es nette Souvenirs zu kaufen.

NORSK NATURSENTER HARDANGER Über drei Etagen reicht die interaktive Ausstellung im modernen Erlebniszentrum, das sich den Themen Natur, Klima und Umwelt widmet. Besonders der Panoramafilm „Fjord Fjell Foss" beeindruckt Besucher:innen aller Altersgruppen mit einer Reise durch die norwegischen Gefilde.

STRAND AM SEE EIDFJORDVATNET Der gelb markierte herrliche Hæreid-Rundwanderweg führt von Eidfjord aus zum malerischen Strand am Eidfjordvatnet. Weiter geht es zum Plateau Hæreid mit mehr als 350 Hügelgräbern aus der Eisenzeit und zum Aussichtspunkt Hodna.

AUSFLUG ZUM VØRINGSFOSSEN Der wohl berühmteste Wasserfall Norwegens, der Vøringsfossen, ist ein beliebtes Ausflugsziel. Ob von den Aussichtsplattformen beim Fossli Hotel oder von der neuen, atemberaubenden Treppenbrücke über den 182 m in die Tiefe stürzenden Wasserfall – atemberaubende Ausblicke sind garantiert.

TIPP

Wie wäre es mit Rentierbraten oder Bergforelle? Typische Gerichte der norwegischen Küche werden in dem urigen „Hardangerviddahallen Restaurant & Café" direkt neben dem Naturzentrum aufgetischt.

schmettern und man selbst gerade auf „Grün" zu „Funky Cold Medina" wippt. Von „silent" kann keine Rede sein, aber dafür von jeder Menge Spaß. Den Absacker nehmen wir in der Lanai Bar. „Was für eine tolle Zeit!", schwärmt Bernadette.

WIEDER AN LAND

Und dann sind wir wieder in Hamburg. Hier begann vor einer Woche unsere Reise. Es regnet in Strömen. Irgendwie hat das was Gemütliches. Wir erinnern uns zurück, wie wir voller Vorfreude und getreu unserem Motto „Neues" am Samstagabend das orientalische Restaurant „bona'me" ausprobierten. Die Küche dort ist kurdisch-türkisch und einfach köstlich, das Konzept modern à la Selfservice, das Ambiente gemütlich mit viel Holz, dutzenden Lampen und Mosaikfliesen an den Wänden. Das war ein perfekter Start unserer Schiffsreise. Nun bleibt die Erinnerung an eine tolle Zeit. Neben all den aufregenden Erlebnissen war für mich dennoch eines am schönsten: der Blick von der Kabine auf das Meer hinaus.

AIDA WISSEN
GETRÄNKEPAKET

Bereits vor der Reise kann man eines der verschiedenen AIDA Getränkepakete buchen, die eine große Vielfalt bieten – vom spritzigen Sundowner bis hin zur Kaffeespezialität. Der Preis richtet sich nach den inkludierten Getränken und variiert je nach Reiselänge und Schiffsklasse. Im Reisepreis inbegriffen sind bereits die Getränke in den Buffet-Restaurants.

Kopfhörer auf und losgetanzt: Bei der Silent Party können die Gäste ihre eigene Musikrichtung aus mehreren Kanälen wählen. Ein tolles Erlebnis!

Norwegens Naturwunder

Mit den Häfen in Stavanger, Honningsvåg und Leknes eröffnet sich Reisenden eine einzigartige Natur, spannende Kunst und Architektur sowie Einblicke in die Zeit der Wikinger.

Kleine Fischerdörfer mit den typisch roten Häusern zieren die Postkartenlandschaft der Lofoten.

Im ältesten Teil der Stadt, in Gamle Stavanger, strahlen die weißen Häuser malerisch um die Wette.

Stavanger

GAMLE STAVANGER 173 kleine **Holzhäuser**, häufig in Weiß gestrichen, prägen das bezaubernde Bild der Altstadt. Einige dieser charakteristischen Häuschen fanden in dem Viertel ein neues Zuhause: Früher wurden die leichten Bauten bei einem Umzug einfach abgebaut, mitgenommen und wieder aufgestellt!

KUNST UND KULTUR Stavanger, die „Ölmetropole", hat auch eine kulturelle Seite: Es warten u. a. das Norwegische Erdölmuseum und das **IDDIS** – ein Museum mit Fokus auf Grafik und Konservendosen. Das riesige Denkmal **Sverd i fjell** am Hafrsfjord ist mit den öffentlichen Verkehrsmitteln gut zu erreichen; die drei „Schwerter im Felsen" stehen für Frieden, Freiheit und Einheit.

AUSFLUG ZUM PREIKESTOLEN Die wohl bekannteste **Felskanzel** Norwegens: Während einer anspruchsvollen **Wanderung** bestaunen Reisende vom Felsplateau die spektakuläre Aussicht über den Fjord, der ca. 600 m tiefer liegt. Bei einer **Bootsfahrt** über den Lysefjord erkundet man die Landschaft vom Wasser aus.

Im Wikingermuseum auf den Lofoten führen die Mitarbeitenden die traditionelle Herstellung von Schuhen vor.

Leknes

HERRLICHE LOFOTEN-INSELN Mit AIDA lassen sich die Lofoten-Inseln Flakstadøya und Moskenesøy erkunden. Der Ausflug umfasst den Besuch der roten **Flakstad kirke** mit ihrem Zwiebelturm, das Fischereimuseum, die **Schmiede in Sund** sowie das Fischerdorf **Reine**.

REISE IN DIE WIKINGERZEIT 14 km von Leknes entfernt tauchen Besucher:innen des weitläufigen, interaktiven **Lofotr Vikingmuseum** in den Alltag der Wikinger:innen ein. Neben Filmen und archäologischen Funden führen verkleidete Museumsangestellte im rekonstruierten **Langhaus** Handwerkstätigkeiten vor.

MIT EINEM STÜCK KUCHEN In einem orangefarbenen Haus lädt das kleine **Huset Kafé** zu einer Pause ein. Bei einer Tasse exzellentem Kaffee oder heißer Schokolade mit Mini-Marshmallows kann man wunderbar mitten in Leknes die Seele baumeln lassen.

Honningsvåg

HOCH IM NORDEN Ein gigantischer Globus markiert das Nordkap, das an der Nordseite der norwegischen Insel Magerøya über das Meer hinausragt. Genau hier befindet sich der nördlichste Punkt Europas, der auf dem Straßenweg erreichbar ist.

Im Sommer leuchtet die Sonne den ganzen Tag am Nordkap. Die sogenannte Mitternachtssonne hüllt die Nordspitze Europas in ein einzigartiges Licht.

ZU BESUCH BEIM WEIHNACHTSMANN Im gemütlichen Honningsvåg gibt es viele Shoppingmöglichkeiten. Ein besonderes Highlight ist das **Artico Christmas House**, das ganzjährig Weihnachtsartikel verkauft. Hier fühlt sich sicher jede:r dem Weihnachtsmann und seinen Wichteln ganz nah.

EDLE DELIKATESSE Hoch im Norden werden gern Meerestiere verspeist. Ein kulinarisches Highlight ist die riesige Königskrabbe. Serviert wird sie beispielsweise im „Corner Spiseri", das in Laufweite zur Anlegestelle in Honningsvåg liegt.

Pulsierend und modern

Die Hafenstädte Oslo und Rotterdam sind jung, hip und futuristisch, bestechen aber zugleich mit historischen Bauten und einer vielfältigen Architektur.

Oslo

RUNDGANG AM WASSER Die fast 10 km lange **Hafenpromenade** von Oslo ist gespickt mit Sehenswürdigkeiten, Restaurants, beeindruckender Architektur und Kunst, die man bei einem Bummel bestaunen und erkunden kann. Unter den zahlreichen Highlights warten das neu eröffnete **Munch-Museum** und das **Opernhaus** mit einem tollen Ausblick vom begehbaren Dach.

Kaffeegenuss: In den zahlreichen Cafés in ganz Norwegen genießt man leckere warme Getränke.

VON NATIONALER BEDEUTUNG Die **Festung Akershus** direkt beim Hafen birgt interessante Sehenswürdigkeiten. Darunter sind etwa das Akershus-Schloss mit Kirche und königlichem Mausoleum, zwei Museen und ein Informationszentrum über die bewegte Geschichte der historischen Anlage.

SHOPPINGPARADIES In Oslo lässt es sich wunderbar und ausgiebig shoppen, beispielsweise auf der Einkaufsstraße **Karl Johans gate** und in den umliegenden Gassen. Secondhandshops und alternative Modeboutiquen finden sich z. B. im lebhaften Viertel Grünerløkka; norwegische Produkte gibt es bei „Pur Norsk".

Auf dem Dach des Osloer Opernhauses kann man sogar spazieren gehen.

Prachtvolle Häuser reihen sich entlang des Ufers der Nieuwe Maas im Stadtzentrum Rotterdams.

Farbenfroh: Rotterdams Markthalle bietet künstlerische und kulinarische Genüsse.

Rotterdam

MARKTHALLE ROTTERDAM Eine hufeisenähnliche Form, eine Fassade aus Drahtseilen und Glas, ein Kunstwerk mit ca. 100 Ständen und über 200 Wohnungen in den Außenseiten – die Markthalle fasziniert rundum. Ein besonderes Highlight für Schokoladenfans ist die „CHCO Chocolate Company".

ZWEI WAHRZEICHEN Die Wohnanlage mit den auffälligen gedrehten **Kubushäusern** und dem Kubus-Museum ist eine architektonische Sensation. Ebenso grandios ist die asymmetrische **Erasmusbrücke**, die sich futuristisch über die Nieuwe Maas schwingt.

ZEITREISE Einen Eindruck von Rotterdam vor dem Zweiten Weltkrieg vermittelt das Viertel **Delfshaven**. Es warten u. a. alte Bauten, die **Stadtbrauerei De Pelgrim** und der **Nachbau eines Kriegsschiffs**.

WITTE DE WITHSTRAAT Es ist kein Wunder, dass diese Straße so beliebt ist: Hier finden sich Kunstmuseen, kleine Galerien, schnuckelige Läden und versteckte Street-Art. Abends pulsiert in den zahlreichen Restaurants und Bars das bunte Nachtleben.

Entlegene Perlen

Klein und weitab der gängigen Reiseziele, aber mindestens genauso sehenswert: Reykjavík und Nuuk. Die Hauptstädte von Island und Grönland punkten vor allem mit phänomenalen Museen.

Das gemütliche Nuuk liegt romantisch zwischen Hügeln.

Nuuk

VON DER VERGANGENHEIT BIS IN DIE GEGENWART 4500 Jahre Kulturgeschichte umfassen die sieben Dauerausstellungen des **Nationalmuseums** von Grönland am alten Hafen in Nuuk. Zu den bekanntesten Ausstellungsstücken gehören die ca. 500 Jahre alten Inuit-Mumien aus Qilakitsoq.

Farbtupfer: Die Inuit auf Grönland tragen ihre bunte, traditionelle Kleidung.

KULINARISCHES GRÖNLAND **Moschusochsen-Burger** oder **Steaks vom Rentier** – in den Gourmet-Restaurants im Hotel „Hans Egede" lässt es sich hervorragend schlemmen. Preiswerteres, aber ebenfalls leckeres Essen gibt es im „Café Esmeralda".

TOUR UM DIE KLEINE MALENE Auf einem AIDA Ausflug können Gäste die unberührte grönländische Natur entdecken: Eine **Wanderung** führt um den Berg **Quassussuaq** (Lille Malene) herum, zu einem Aussichtspunkt und in den Stadtteil **Qinngorput**. Die Gebäude hier entstanden alle erst in den 2000er-Jahren in einem modernen skandinavischen Baustil.

Das Kunstwerk Sun Voyager überblickt vom Hafen aus Reykjavíks Fjord Faxaflói. Besonders am frühen Morgen oder am späten Abend glänzt die Skulptur im goldenen Sonnenlicht.

Die Staatskirche Hallgrímskirkja wurde in Anlehnung an Islands Landschaft erbaut.

Reykjavík

VOLLGEPACKT Wasserspeicher, Museum über die Naturwunder Islands, Planetarium und Restaurant – das beherbergt das futuristische **Perlan** unter seiner Glaskuppel, die auf sechs Wassertanks gesetzt wurde. Besonders der lange, aus 350 Tonnen Schnee nachgebaute **Eistunnel**, die **Áróra-Show**, das Modell eines Vogelfelsens und die Aussichtsplattform stechen unter all den Highlights hervor.

DIE SONNENFAHRT Glänzend steht die stählerne Skulptur **Sun Voyager** („Sólfar") des Künstlers Jón Gunnar Árnason am Meer. Inspiriert von der isländischen Mythologie, soll die beliebte Sehenswürdigkeit ein Traumschiff darstellen, das Freiheit, Entdeckerlust und Hoffnung auf unentdeckte Gebiete verspricht.

SHOPPEN, PUNK UND STREET-ART An Reykjavíks Haupteinkaufsstraße **Laugavegur** finden sich nicht nur Modeläden, sondern auch das winzige **Icelandic PUNK Museum** (in einer ehemaligen unterirdischen öffentlichen Toilette) und zahlreiche **Murals**, darunter z. B. „Ode to Mother".

Historisches Erbe

Geschichtsträchtige Wohnstätten, Pubs, Hochprozentiges, mystische Orte und mehr: In diesen Häfen erleben Reisende die Vergangenheit von Schottland und England hautnah.

Herrlicher Ausblick: Auf dem Calton Hill residiert das steinerne Monument für den Philosophen Dugald Stewart.

Stimmungsvoll: Im Pub „Sandy Bell" erklingt bei einer Open Folk Session schottische Musik.

Edinburgh

FORT, WOHNSITZ UND SCHATZKISTE Auf dem Castle Rock steht eine der Topattraktionen Schottlands: das **Edinburgh Castle**. Zu den Highlights gehören hier u. a. der Krönungsstein, der Royal Palace mit den schottischen Kronjuwelen und der Ausblick über die Hauptstadt.

WHISKY UND BIER In Edinburgh ist ein Besuch im Pub ein Muss – und davon gibt es hier jede Menge! Einen wunderbaren Eindruck von der **Pubkultur** bekommt man z. B. im „The Holyrood 9A", im „The Queens Arms" oder im „Sandy Bell's".

EIN MEER AUS PFLANZEN Ruhe, intensive Düfte und eine wahre Farbenpracht: Im **Royal Botanic Garden Edinburgh** können Besucher:innen auf eine 350-jährige Geschichte zurückblicken. Etwa 100 000 Pflanzen gedeihen hier, zudem wird Kunst ausgestellt. Der Eintritt in einen der schönsten Botanischen Gärten der Welt ist kostenlos.

Southampton

EIN HAUS VOLLER GESCHICHTE 800 Jahre Vergangenheit spiegeln sich im **Tudor House & Garden** mit den Überresten des King John's Palace. Das Museum mit schöner Fachwerkfassade und Knotengarten beherbergt spannende Exponate. Hier verläuft auch der **Jane Austen Trail** auf den Spuren der bekannten Schriftstellerin.

ÜBER DIE TITANIC UND FLUGZEUGE Die Titanic legte 1912 in Southampton ab. Mit an Bord waren als Crew viele Bewohner:innen der Stadt. Im interaktiven **SeaCity Museum** gibt es eine Dauerausstellung zur Stadtgeschichte und zu dem berühmten Passagierschiff. Auf Flugzeugfans wartet das Luftfahrtmuseum **Solent Sky**.

STRANDSPAZIERGANG Der **New-Forest-Nationalpark** in Southamptons Umland bietet einige schöne Strände, z. B. den Calshot Beach mit bunten Strandhütten, fantastischem Ausblick, einem Fort und dem **Calshot Activities Centre**.

Kirkwall

HISTORISCHE STADTKULISSE Mit dem Shuttlebus gelangt man von der Anlegestelle ins Zentrum von Kirkwall und spaziert durch den Inselhauptort der Orkneyinseln. Dabei fallen die **St Magnus Cathedral**, die **Ruinen** des Bischofssitzes und des Earl's Palace ins Auge.

HOCHPROZENTIG Bereits seit 1798 wird in einer der ältesten Destillerien Schottlands, der Highland Park Distillery, Whisky gebrannt. Ihren prämierten Whisky, wie den 12-jährigen Highland Park Single Malt Scotch, kostet man bei einer **Führung**.

MYSTISCHE MONUMENTE Das UNESCO-Welterbe Heart of Neolithic Orkney begeistert Geschichtsfans: Hierzu zählen die steinzeitliche Siedlung **Skara Brae**, die **Stones of Stenness** und der Steinkreis **Ring of Brodgar**.

Während der Herrschaft der Tudors entwickelte sich ein eigener Baustil: die Tudorgotik.
Einer der größten Steinkreise Großbritanniens, der Ring of Brodgar, trotzt bereits seit etwa 2700 v. Chr. den Naturgewalten.

São Miguel
Reisetagebuch: „Nicht lange allein" ab Seite 42
Madeira
Lanzarote
La Palma
Teneriffa
Fuerteventura
La Gomera
Gran Canaria

Nordatlantik *Häfen*

HÄFEN DER REISEROUTE

WEITERE SPANNENDE AIDA HÄFEN

Besondere Begegnungen

Blühende Inseln, dichte Regenwälder, schwarze Vulkanlandschaften: Jürgen macht sich allein auf die Reise zu den Inselperlen im Atlantik. Dabei trifft er auf faszinierende Menschen, die seine Reise bereichern.

Isabel zieht mich in ihren Bann. Ihre aufmerksamen Augen, ihr traditionelles Vintage-Outfit, ihre Naturpur-Produkte! Wir kommen ins Gespräch, erst auf Englisch, dann wechselt sie ins Deutsche. Ich bin sprachlos. Sie ist Mitte 80 und verkauft seit mehr als 70 Jahren Blumen. Ihr Stand ist gleich am Eingang der Markthalle in Funchal auf Madeira, einem der Häfen, in dem AIDAsol auf ihrer Kanaren- und Madeira-Kreuzfahrt anlegt. Wer sich wie ich für Pflanzen interessiert, kommt nicht an Isabel vorbei. Sie hat Blumenzwiebeln, Knollen, Wurzeln von Pflanzen, von denen ich noch nie gehört habe. Isabel – klein, bescheiden und zurückhaltend – freut sich über alle Pflanzenfreund:innen. Woher sie Deutsch könne, frage ich sie. „Das habe ich ein paar Monate auf der Schule gelernt", erzählt sie. Im Lauf ihres langen Lebens hat sie so viel dazugelernt, dass sie sich in sechs Sprachen mit ihrer Kundschaft unterhalten kann, wenigstens ein bisschen.

Ich will ihr ein paar der Pflanzenknollen abkaufen, aber da macht sie nicht mit. „Du darfst das wegen der Zollbestimmungen nicht mit aufs Schiff nehmen", warnt sie. „Aber ich habe auch Samen." Und dann suchen wir Sorten aus, von denen sie sicher ist, dass sie auch in Deutschland wachsen: Maracuja-Banane, Strelitzien und Maçaroco, der Madeira-Natternkopf, auch „Stolz von Madeira" genannt. Und mit den Samentütchen nehme ich auch eine gehörige Portion der Gelassenheit von Isabel mit zurück auf AIDAsol. Jetzt hat der Urlaub so richtig angefangen. Direkt danach fahre ich mit der Seilbahn hinauf zum berühmten botanischen Garten, genieße die spektakuläre Aussicht und entdecke prompt einige der Pflanzen von Isabel – in prächtig ausgewachsener Form.

→ Seite 47

Vom Monte Palace Tropical Garden genießt man die Aussicht aufs Schiff. Was für ein Anblick!

Isabel und Jürgen kommen in Funchals Markthalle schnell miteinander ins Gespräch und unterhalten sich über die Pflanzen von Madeira. Dort gibt es auch exotisches Obst und Gemüse zu kaufen, wie die Drachenfrucht.

Fischfang ist auf Madeira noch heute Lebensgrundlage.

NICHT VERPASSEN *Funchal*

1| BERG MONTE Zuerst schaukelt die Gondel unweit des Hafens nach oben und ermöglicht einen tollen Blick über **Madeiras** Hauptstadt und das Meer. Danach geht es in den bezaubernden Monte Palace Tropical Garden. Den steilen Hang kann man am Ende bei einer Korbschlittenfahrt – auch als AIDA Ausflug buchbar – wieder hinuntersausen.

2| BLANDY'S WINE LODGE Hier lässt man sich den süßen Madeira-Wein schmecken. Bei einer Führung auf Deutsch können Besucher:innen einen faszinierenden Blick hinter die Kulissen der Weinherstellung werfen.

3| WALBEOBACHTUNG Vor Madeiras Küste befindet sich die Kinderstube vieler Meeressäuger, z. B. dem Atlantischen Fleckendelfin, aber auch Pott- und Blauwale können gesichtet werden. Direkt von Funchals Hafen starten einige

Mystisch: Entlang der Levadas wandert man durch die Wälder Madeiras.

TIPP

„Azulejos" heißen die typischen blau-weißen Keramikfliesen aus Portugal, die auch auf Madeira den tropischen Garten Monte Palace zieren. Dort zeigen sie das traditionelle Leben der Insulaner:innen.

Touren. Begleitet von Deutsch sprechenden Meeresbiolog:innen geht es ab Calheta (40 Autominuten von Funchal entfernt) mit dem nachhaltigen Anbieter „Lobosonda" hinaus aufs Meer.

4| CÂMARA DE LOBOS Dieser Fischerort, der bei einer E-Bike-Tour von Funchal aus erreicht werden kann, beeindruckt mit einer schönen Aussicht über Hafen und Steilklippen. Im Restaurant „O Lagar" isst man „Espada" – der Schwarze Degenfisch aus der Tiefsee schmeckt hervorragend zu Kochbananen. Dazu passt eine traditionelle „Poncha" aus Zitrusfrüchten, verfeinert mit Zuckerrohrschnaps und Honig.

5| LEVADA-WANDERUNG Um auch entlegene Orte mit Wasser zu versorgen, legten die Einwohner:innen bereits im 15. Jahrhundert künstliche Wasserläufe an. Auf einer Wanderung entlang dieser Levadas sind meterhohe Löwenzahnpflanzen in den Wäldern und uralte Lorbeerbäume im mystischen Nebel zu sehen.

Madeira wird auch „Blumeninsel" genannt. Dort wachsen wunderbare Pflanzen, darunter die prächtigen Strelitzien.

NICHT VERPASSEN

Santa Cruz de La Palma

STADTANSICHT Kunstvolle Holzbalkone aus dem 16. und 17. Jahrhundert voller farbenfroher Blumen zieren die historischen Gebäude der Avenida Marítima auf **La Palma** und prägen das Stadtbild. In der Straße Calle O'Daly mit ihren vielen Läden in den alten Stadthäusern spürt man den Charme von Santa Cruz de La Palma. In der Fußgängerzone lässt es sich wunderbar flanieren.

PLAYA DE BAJAMAR In der Nähe des Hafens gelegen, schmiegt sich der schwarze Sandstrand in seiner dunklen Pracht an die Küste der Insel. Mit ein paar wenigen Palmen, die kühlen Schatten spenden, kann man hier hervorragend entspannen.

Die Balkonhäuser sind Wahrzeichen von Santa Cruz de La Palma.

CUMBRE VIEJA 2021 sprudelte Lava aus der Vulkankette, hüllte die Insel in eine Aschewolke und führte zum längsten und folgenreichsten Vulkanausbruch auf La Palma. Inzwischen erhebt sich neues Leben aus der kargen Mondlandschaft zurück an die Oberfläche, die nun auch wieder auf der Vulkanroute erwandert werden kann – ein wirklich einzigartiges Erlebnis!

Vom Roque de los Muchachos, dem höchsten Punkt der Insel, blickt man auf die Vulkankette Cumbre Vieja.

In der Mitte des Schiffs bietet die Pool Bar einen Ort für Entspannung und Erholung.

AIDA WISSEN
BIERGENUSS

Im AIDA Brauhaus wird eigenes Bier gebraut, das die Gäste verkosten können. In den riesigen Glaskesseln werden verschiedene helle und dunkle Biere nach dem deutschen Reinheitsgebot aus Meerwasser hergestellt. Zum frisch Gezapften gibt es herzhafte Brauhaus-Spezialitäten. Das Brauhaus auf AIDAblu war 2010 das erste seiner Art auf hoher See. Wer mehr über das Bier an Bord erfahren möchte, nimmt an einem Brauseminar teil.

Wer allein auf Reisen geht, macht sich vorher so seine Gedanken. Ich beispielsweise will Neues entdecken, mal auf eigene Faust, mal auf geführten Touren, je nach Ort und Möglichkeiten. Ein bisschen Sport, gutes Essen, Zeit für mich selbst, nette Leute kennenlernen, Schiff genießen. Party? Mal sehen. Schade, dass ein Tag auf AIDA auch nur 24 Stunden hat, stelle ich kurz vor der Abreise beim Blick auf meine viel zu lange Bucketlist fest und muss über mich selbst lachen.

BEKANNTSCHAFTEN AN BORD

Anja hat die Gabe, einander wildfremde Menschen zusammenzubringen – keine Ahnung, wie sie das macht. Sie ist auch solo unterwegs, aber vom ersten Tag an überhaupt nicht allein. Ich hatte mich gefragt, ob ich wirklich zum Alleinreisendentreff an Bord gehen soll, raffe mich dann aber doch auf. „Stiller Beobachter oder wie?", fragt Anja mich nach der Vorstellungsrunde auf dem Weg zum Abendessen im Brauhaus. Und schon sitze ich mitten in der Runde.

Bei Obazda, Schweinshaxe und Braten wird erzählt. Manuel hat gerade seinen Bachelor in Wirtschaftsinformatik beendet und will an Bord überlegen, was er jetzt damit anfängt. Lisa hatte noch viel zu viel Urlaub übrig. Sie ist ziemlich planlos ins Reisebüro, eine Kreuzfahrt kam ihr erst mal gar nicht in den Sinn, aber ihr Reisebüro hat es ihr wärmstens empfohlen. Wie ihr erging es einigen aus der Clique, die sich schnell findet und mit einem Durchschnittsalter von irgendwo zwischen 20 und 30 so gar nicht in meine Vorstellung von Kreuzfahrpassagier:innen passen wollte. Ich wurde positiv überrascht.

Sportlich wird an Bord von AIDA viel geboten. Wie wäre es mit einer Runde Volleyball?

AIDA WISSEN
SINGLES AHOI!

Urlaub individuell und doch in Gesellschaft genießen: Beim Alleinreisendentreff lernt man Gleichgesinnte kennen und tauscht sich über die Reise aus. Bei einer Schiffsführung, einem Volleyballturnier oder einer Runde Aktiv-Bingo kommt man schnell mit anderen Gästen in Kontakt. AIDA ist der perfekte Ort für Erholung und Abenteuer mit neuen Bekanntschaften. Auf AIDAnova und AIDAcosma gibt es übrigens auch Einzelkabinen.

Bei einem meiner Sundowner-Cappuccinos in der Ocean Bar ganz hinten oben auf AIDAsol lasse ich, in Gedanken vertieft, den Blick über das ruhige Meer schweifen. Plötzlich kapern vier energiegeladene Frauen freundlich die freien Plätze an meinem Tisch und nehmen mich gleich in ihre Gesprächsrunde mit auf.

Elli, Bärbel, Rosi und Anne aus Berlin kennen sich schon lange. Dieser Trip ist sogar ihre vierte gemeinsame Reise. Die Berlinerinnen lassen kaum eine Gelegenheit aus, sich gegenseitig hochzunehmen. Keine nimmt es der anderen übel, sie haben Spaß miteinander – und das Umfeld lacht mit. Beim Verabschieden fragen sie vorsichtig, ob es halbwegs erträglich mit ihnen gewesen sei. Bevor ich antworten kann, droht eine: „Aber überlegen Sie sich genau, was Sie jetzt sagen!" Ich musste noch den ganzen Weg zur Kabine schmunzeln.

Hatte ich schon erwähnt, dass ich Seetage liebe? Da kann ich Ausflüge wie die kleine Wanderung an einer der Levadas entlang – das sind kleine Wasserkanäle, die es schon seit Hunderten von Jahren auf Madeira gibt – samt anschließendem romantischem Sonnenuntergang über dem Meer noch einmal nachwirken lassen. Aber auch an die spektakulären Piratenhöhlen von Ajuy auf Fuerteventura später auf der Reise denke ich. Oder ich genieße die Ruhe im wunderbaren Wellnessbereich des Body & Soul.

Früh morgens ganz oben auf AIDAsol in den Sonnenaufgang über dem endlosen Meer zu joggen, ist so motivierend, dass ich sogar ein, zwei Runden mehr laufe, obwohl meine

→ Seite 53

NICHT VERPASSEN

Puerto del Rosario

PLAYA CHICA Der hellgelbe Sand schmiegt sich sanft um die Füße: Am Stadtstrand auf **Fuerteventura** lässt es sich im türkisblauen Meer wunderbar baden, auf dem Strandtuch sitzend den Schiffsverkehr im anliegenden Hafen beobachten oder auf der angrenzenden Hafenpromenade flanieren.

BOOTSFAHRT Der Katamaran segelt entlang der Inselküste zu tollen Badebuchten und Schnorchelparadiesen. Unterwegs entdeckt man Fliegende Fische und spürt die frische Meeresbrise auf der Haut. AIDA bietet Ausflüge mit dem Katamaran, und auch im Hafen von Puerto del Rosario können Fahrten gebucht werden.

PARQUE NATURAL DE CORRALEJO Auf einer Länge von etwa 11 km erstrecken sich im Naturpark die sanften Wanderdünen, die von Zyperngräsern und Strand-Wolfsmilch gesäumt werden. Zwischen ihnen lässt sich mit etwas Glück ein Rennvogel oder eine Kragentrappe finden. Mit dem Auto benötigt man etwa 20 Minuten von Puerto del Rosario aus bis zum Naturpark. Diese tollen Ausflüge können mit AIDA unternommen werden.

TIPP

Über 100 verschiedene Skulpturen stehen in Puerto del Rosario auf Verkehrsinseln, auf der Hafenpromenade und in der ganzen Stadt verteilt.

Einsamkeit und Ruhe am Strand von Corralejo: Von hier kann man bis nach Lanzarote sehen.

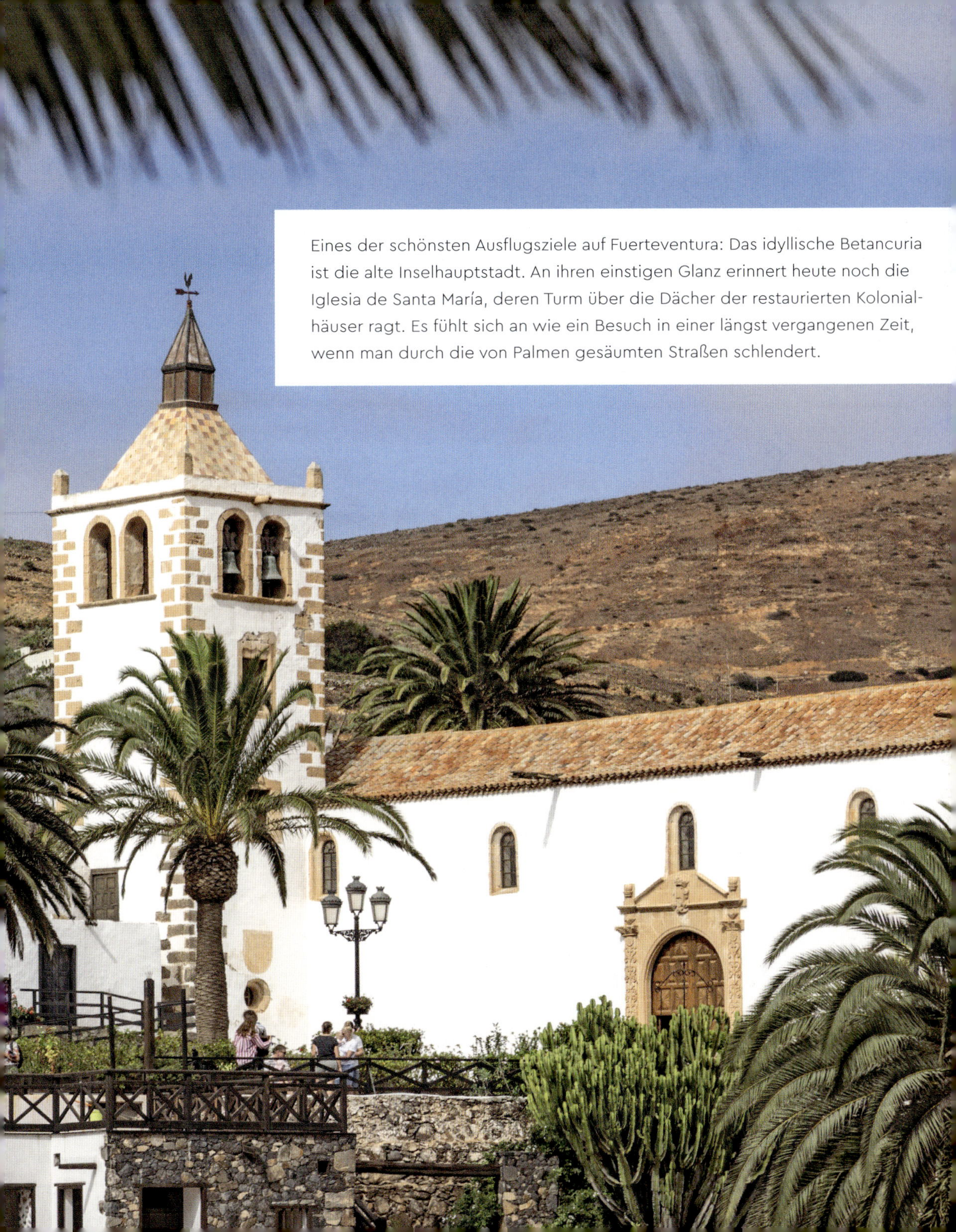

Eines der schönsten Ausflugsziele auf Fuerteventura: Das idyllische Betancuria ist die alte Inselhauptstadt. An ihren einstigen Glanz erinnert heute noch die Iglesia de Santa María, deren Turm über die Dächer der restaurierten Kolonialhäuser ragt. Es fühlt sich an wie ein Besuch in einer längst vergangenen Zeit, wenn man durch die von Palmen gesäumten Straßen schlendert.

IM GESPRÄCH …

… mit dem Spa Manager

Olaf Nehues ist Spa Manager an Bord von AIDA. Er leitet den kompletten Wellness- und Fitnessbereich und sorgt dafür, dass sich alle rundum wohlfühlen.

Was haben Sie vor AIDA gemacht?

Ich bin aus einem kleinen Dorf im Süden von Berlin. Als ein Familienmitglied einen Unfall hatte, kam eine Physiotherapeutin zu uns. Ich habe zugeschaut und mir gedacht: Das ist mein Beruf!

Und wie sind Sie zu AIDA gekommen?

Zunächst habe ich mich auf Neurologie und Orthopädie spezialisiert. Irgendwann hat eine Patientin erzählt, dass ihre Tochter auf einem Schiff arbeitet und total davon geschwärmt. Da war das Korn gesät: Als Spa Therapeut habe ich angeheuert, wurde dann Spa Supervisor und bin jetzt Spa Manager.

Wie hat sich das Thema Wellness an Bord entwickelt?

Die Teamgröße ist schiffsabhängig. Als ich 2006 angefangen habe, waren wir im Bereich Massagen nur drei Therapeut:innen. Heute sind wir auf AIDAsol ein großes Team aus 18 Kolleg:innen. Wir haben auf 2600 m^2 – auf anderen AIDA Schiffen sind die Wellnessbereiche bis zu 3500 m^2 groß – Sportbereich, Kosmetik, Friseur, Massage, Saunas mit Ruhebereichen und Wellness Suiten.

Was ist das Besondere an einem Spa auf einem Kreuzfahrtschiff?

Die Größe und Vielfalt des Wellnessbereichs und der unvergleichliche Blick aufs Meer, der an sich schon entspannt. Das Zweite sind die internationalen Spa Experten aus den besten Ayurveda-Resorts in Asien, die Yoga und Ayurveda im Original anbieten können, und auch weitere Wellnesszeremonien aus aller Welt: Thalasso, Lomi Lomi Nui, La Stone oder unser AIDA Signature Treatment „AIDA Harmony Wellnessmassage" sorgen für authentische Erlebnisse.

Was sollen die Gäste mitbringen, wenn sie zu Ihnen kommen?

Zeit und Ruhe! Manche kommen mit einem Terminkalender und einer Bucketlist zum Abhaken, dabei haben sie doch Urlaub. Hier ankommen, noch etwas trinken, sich auf die Anwendung freuen, nicht auf die Uhr schauen.

Haben Sie einen Lieblingsort an Bord?

Wenn es wirklich einmal ganz ruhig sein soll, nichts hören, nur für sich sein, dann empfehle ich das Außendeck auf Deck 5. Sich einfach auf einen der Stühle setzen, rausgucken, das ist toll!

Die Zeit allein genießt er dann frühmorgens an Deck. Bei einem Sushi-Workshop lernt Jürgen zusammen mit anderen die Kunst des Rollens.

Kondition das nur knapp hergibt. Ich mache eben langsamer und genieße den Anblick umso länger.

Gut essen und kochen ist eine kleine Leidenschaft von mir, deswegen ist der Sushi-Workshop mittags eine willkommene Herausforderung. Susanne sitzt neben mir in der kleinen Gruppe an der Sushi Bar. Sie ist mit ihrem Mann an Bord und genauso neugierig auf den Workshop wie ich. Unser Sushi-Meister heißt Ruliph, er führt uns in die Geheimnisse von Sake Maki, Kamo und California Roll ein und zeigt auch gleich die ersten Handgriffe, um Klebreis und Co. in die richtige Rollform zu bringen.

Susanne und ich sind ähnlich ungeschickt und schauen uns ratlos an. „Ich bin Linkshänder", sage ich zu ihr. „Ruliph ist Rechtshänder. Ich muss mir, glaube ich, die Handgriffe erst einmal auf links übersetzen." – „Du auch?", fragt Susanne überrascht und irgendwie erleichtert. Sie ist eine „umerzogene" Linkshänderin, schreibt also mit rechts, alles andere macht sie, wie ich, mit der linken Hand. Wir denken uns gemeinsam Ruliphs Hände um. Unsere Sushi sehen plötzlich genauso lecker aus, wie sie dann schmecken. Und wir sind uns lachend einig: „Das machen wir doch mit links!"

→ Workshop-Programm

Die Gäste können sich an Bord in den Bereichen Kulinarik, Fitness und Co. inspirieren lassen und neue Dinge ausprobieren.

BEGEGNUNGEN AUF DEN INSELN

Cristina arbeitet bei der Stadtverwaltung von Santa Cruz de La Palma, der kleinsten Kanareninsel auf unserer Rundfahrt. AIDAsol hat frühmorgens am Hafen des 16 000-Einwohner:innen-Städtchens angelegt. Ich bin nach dem Frühstück draußen auf der Terrasse des Bella Donna Restaurants an Bord allein losgezogen, die kleine Altstadt lässt sich gut zu Fuß entdecken. Mittendrin lerne ich Cristina kennen.

Gleich bei der Plaza de España steht die große Tür eines alten Gebäudes mit hohen, auf Säulen gestützten Rundbögen offen, darüber hängen Fahnen. Drinnen werde ich von einem prachtvollen Treppenaufgang aus dunklem Holz überrascht, riesige Wandgemälde erzählen von ganz unten bis oben Geschichten vom Leben auf der Insel.

Ich begegne Cristina, die in diesem Gebäude arbeitet, und krame mein etwas eingestaubtes Spanisch raus. Ich frage, wo ich denn eigentlich bin. Sie hat sichtlich zu tun an

Beeindruckende Gemälde im Rathaus von Santa Cruz de La Palma!

ihrem Laptop, nimmt sich dann aber doch gern etwas Zeit. Das Gebäude ist das Rathaus von Santa Cruz de La Palma, Cristinas Arbeitsplatz ist heute der beeindruckende Sitzungssaal. Sie erzählt noch ein wenig von ihrer Stadt, gibt mir den Tipp, mir den schönen Innenhof des Palacio de Salazar an der Calle O'Daly anzuschauen. Dann muss sie weiterarbeiten. „Buen viaje", wünscht sie mir noch zum Abschluss.

Um die Mittagszeit bekomme ich Appetit auf Tapas – das muss einfach sein in spanischen Gefilden. An der Avenida Marítima, gleich bei den berühmten Holzbalkonen und dem Stadtstrand, entdecke ich zwei Frauen und einen Mann im Rollstuhl in einem fröhlichen Gespräch, immer wieder lachen sie. Auf meine Frage nach guten Tapas denken sie erst einmal gemeinsam laut nach. Manolo, der Mann im Rollstuhl, erklärt mir den Weg zu einem Restaurant mit einheimischen Spezialitäten. „Pero es muy caro", sagt er, es ist sehr teuer. Aber nur 100 m weiter gibt es das „La Isla de Goya" – er deutet in Richtung der Bar. Und so viel sei nach Mar y tierra, Papas bravas und Queso asado verraten: So gute Tipps wie von Manolo wünsche ich mir in jedem Hafen!

Einen Tag später und vier Inseln weiter, auf Fuerteventura, erklärt mir Oliver, der Guide auf dem AIDA Ausflug nach Ajuy und Betancuria, warum er so gern hier lebt. Oliver ist Belgier, aber schon seit mehr als 20 Jahren auf der Insel zu Hause. „Das ist nicht für jeden etwas", warnt er gleich. „Man muss die Wüste mögen, das Wüstenklima, die Leere. Und man wird nicht reich." Trotzdem will er nie wieder zurück und erzählt eine Geschichte: Letztens war er wieder einmal in Antwerpen. Auf der Insel hat er sich abgewöhnt, eine Uhr zu tragen, also hat er in seiner Heimatstadt auf der Straße jemanden nach der Uhrzeit

Fuerteventura ist geprägt von einer kargen Landschaft, die wahre Naturschätze wie die Aloe vera birgt.

gefragt. „Kauf dir doch eine Uhr", war die harsche Antwort. Wenn er hier auf Fuerteventura jemanden frage, laute die Antwort eher so: „Es ist gerade halb eins vorbei, ich esse gleich was, magst du dich nicht dazusetzen und mitessen?"

Wie leicht es sich freundlich und entspannt lebt, hatte ich vorher schon bei meinen anderen Begegnungen mit Einheimischen bemerkt, auch bei meiner neuen Bekanntschaft Lisa ist es nicht anders. Sie ist Expertin für die Pflanze Aloe vera und arbeitet für „Aloe Vera Fresca di Fuerteventura", einen der größten Produzenten von kosmetischen Aloe-Vera-Produkten auf der Insel. AIDA bietet Ausflüge dorthin an. Lisa erklärt mir geduldig, wie die unterschiedlichen Aloe-Arten aussehen und welche Inhaltsstoffe wie wirken. Sie schneidet eine Scheibe von einem frischen Aloe-Blatt ab und reibt sie auf meinem Handrücken. Das fühlt sich sofort frisch an und soll gegen Insektenstiche sowie leichten Sonnenbrand helfen.

Auch auf AIDA hat die Aloe Einzug gehalten, wie ich von Spa Manager Olaf erfahre: Eine der beiden bei Gesichts- und Körperbehandlungen verwendeten Produktlinien basiert ausschließlich auf nachhaltig und umweltschonend produzierten Aloe-Vera-Pflanzen.

→ Seite 58

NICHT VERPASSEN

Santa Cruz de Tenerife

1| PARQUE MARÍTIMO Der kanarische Künstler César Manrique hinterließ auch auf **Teneriffa** seine Spuren. In Santa Cruz de Tenerife entwarf er das Freibad, in dem schwarzer Lavastein auf türkisfarbene Pools trifft. Von hier aus ist das ebenfalls beeindruckende **Auditorio de Tenerife** von Santiago Calatrava sichtbar.

2| PICO DEL TEIDE Um den Ausblick vom höchsten Berg Spaniens (3715 m) zu genießen, kommt man mit der Teleférico del Teide (Seilbahn) in wenigen Minuten nach oben. Im Winter liegt hier sogar Schnee! (90 Fahrtminuten von der Inselhauptstadt)

TIPP

Wie Wassertropfen anmutend, hängen die Lampen der Biblioteca Municipal von der Decke und hüllen den lichtdurchflutenden Raum in ein weiteres sanftes Leuchten. Ein Augenschmaus für Architekturfans!

3| MERCADO DE NUESTRA SEÑORA DE ÁFRICA Das ockerfarbene Eingangsportal begrüßt die Besucher:innen der Markthalle, in der sich riesige Melonen neben duftenden Gewürzen stapeln. Sonntags ist besonders viel los, wenn der lebhafte Flohmarkt stattfindet.

4| PALMETUM Steht man mittendrin und genießt das wunderbare Grün in der größten Palmensammlung Europas, ist es unvorstellbar, dass hier einst eine Mülldeponie lag. Heute stehen große und kleine Palmen aus der ganzen Welt nebeneinander und bilden eine einzigartige grüne Oase.

5| PLAZA DE ESPAÑA Der größte Platz von Santa Cruz de Tenerife besticht mit seinem kreisrunden, mit Meerwasser gefüllten See, quasi ein Meer mitten in der Stadt. Immer wieder erhebt sich eine Wasserfontäne aus der Mitte in die Höhe und verleiht dem Ort ein ganz besonderes Flair.

Überall in der Stadt – in Parks und auf Plätzen – prägen Palmen das Bild von Santa Cruz de Tenerife. Ein Highlight nahe der Inselhauptstadt ist der Pico del Teide, der höchste Berg Spaniens.

Mit schwerem Herzen und tollen Erinnerungen, wie der Wanderung in der Caldera zum Teide, verabschiedet sich Jürgen von Teneriffa. Ein emotionaler Moment war auch das Schwesterntreffen mit AIDAnova.

MEIN BESONDERES HIGHLIGHT

Der Teide auf Teneriffa ist mit seinen 3715 m Höhe das unbestreitbare Highlight meiner Reise. Der höchste Berg Spaniens und dritthöchste Inselvulkan der Erde ist ein UNESCO-Weltnaturerbe und beeindruckt mich. Mit dem Bus geht es vom Kreuzfahrtterminal im Hafen von Santa Cruz de Tenerife durch eine nasse Wolken- und Nebeldecke hinauf in strahlenden Sonnenschein auf mehr als 2000 m Höhe und hinein in die Caldera de las Cañadas. Der Pico del Teide erhebt sich über diese kesselförmige Gesteinsformation mit 17 km Durchmesser und ist – nur mit vorheriger Genehmigung – entweder zu Fuß oder per Seilbahn zu erreichen. Unser Tourguide Ana wandert mit uns um die nicht weniger beeindruckenden Felsformationen der Roques de García und bringt uns die geologischen Besonderheiten näher.

→ AIDA Ausflüge

Auf myAIDA können Gäste viele abwechslungsreiche Ausflüge bereits vor der Reise reservieren.

Für mich schließt sich auf der unwirklichen Hochebene der Kreis meiner Reise: Immer wieder bin ich auf diese besonderen Gewächse der Natternköpfe gestoßen. Hier, auf dem Pico del Teide, wachsen und blühen, wenn das Wetter und vor allem der Regen mitspielen, außergewöhnliche, bis zu 3 m hohe Exemplare. Auf Fuerteventura nutzen die Einheimischen die verblühten Blütenstände als Weihnachtsbaum. Und auf Madeira habe ich bei meiner Lieblingsblumenverkäuferin Isabel Samen des Madeira-Natternkopfs gekauft, der hoffentlich nicht so groß wird.

Am nächsten Morgen geht es viel zu früh zurück nach Deutschland – und ich kann es kaum erwarten, dass der Natternkopfsamen von Isabel aufgeht.

NICHT VERPASSEN

Las Palmas

POEMA DEL MAR Eines der größten Aquarien der Welt ist in Gran Canarias Hafen Las Palmas beheimatet. Ein riesiger Unterwassertunnel, gigantische Wassersäulen und großräumige Aquarien mit den buntesten Fischen, flinken Haien und leuchtenden Quallen machen den Besuch zu einem einzigartigen Erlebnis.

PLAYA DE LAS CANTERAS Der Strand ist mit einer Länge von 3 km einer der weltweit größten Großstadtsandstrände. Hier kann man im „Saltire Sport" ein transparentes Kajak ausleihen, um über das kristallklare Meer die Küste entlangzupaddeln und dabei die fantastische Unterwasserwelt zu beobachten.

ERMITA DE SAN TELMO In der Seefahrerkapelle bewundern Reisende wahre Kunstwerke, wie beispielsweise einige Bilder der Jungfrau Nuestra Señora de las Angustias sowie kleine Segelschiffe und Boote, die Seefahrende hier abstellten.

Oktopusse, eine der intelligentesten Spezies unserer Erde, lassen sich im Poema del Mar bestaunen.

TIPP

Wüstenfeeling kommt in den Dunas de Maspalomas auf. Hier erstrecken sich unweit der Küste auf 6 km riesige Dünen mit feinem Sand. Sie lassen sich auf Wanderwegen erkunden.

Lebhaft, bunt, sonnig

Eindrucksvolle Architektur, lebendige Viertel am Flussufer und einladende Meerblicke: Die portugiesische Hauptstadt Lissabon und das spanische Cádiz bestechen mit einzigartigem Flair.

Seit 1930 verkauft die „Conserveira de Lisboa" Sardinen in der Innenstadt von Lissabon.

Lissabon

DAS URSPRÜNGLICHSTE VIERTEL Mit verwinkelten Gassen und bunten Häusern lädt die Altstadt **Alfama** zum Bummeln ein. Einen guten Blick über Lissabon bietet sich vom **Miradouro das Portas do Sol**, der auf dem Weg zum eindrucksvollen **Castelo de São Jorge** liegt. Auf dem Rückweg geht es zur **Kirche Santa Luzia** über den **Miradouro de Santa Luzia** mit Aussichten über das Dächermeer.

HISTORISCHE FAHRT Die nostalgische gelbe Straßenbahn ist aus dem Stadtbild nicht mehr wegzudenken und eine tolle Möglichkeit für eine **Sightseeingtour**. Mit der **Eléctrico 28E** holpert man an vielen Sehenswürdigkeiten vorbei, wie dem Parlament und den schmalen Gassen der Alfama sowie durch die sehenswerten Viertel Bairro Alto, Baixa, Chiado und Madragoa.

FISCHE STATT GOLD Sardinen aus der Dose haben in Lissabon wahren Kultcharakter. Der Duft der gegrillten Köstlichkeit folgt einem durch die Straßen. Die kleine Sardinenbüchse verhalf der Stadt einst zum Wohlstand. In der fantastischen Welt der portugiesischen Sardinen, dem Laden **O Mundo Fantástico da Sardinha Portuguesa**, stapeln sich die Dosen wie Goldbarren, und in der urigen **Conserveira de Lisboa** fühlt man sich in alte Handelszeiten zurückversetzt.

Tolle Aussichten: Auf den Küstenwanderwegen um Cádiz genießen Naturverbundene die prächtige Landschaft.

Das wunderbare Dächermeer der Alfama, dem ältesten Bezirk der Stadt, erstreckt sich in Lissabon.

Cádiz

GLÄNZENDE KUPPEL Die **Catedral de Cádiz** erhebt sich über den Dächern der Stadt. Direkt am Wasser gelegen, wurde die Kathedrale in 116 Jahren von verschiedenen Architekten erweitert und fortlaufend umgestaltet. So finden sich Barock, Rokoko und Neoklassik im Bau wieder. Steigt man den Westturm **Torre de Poniente** hinauf, wird man mit einem tollen Blick über das Meer belohnt.

ENTLANG DER KÜSTE Rund um Cádiz geht es auf vielen Wanderwegen mit Blick auf das Wasser lange Sandstrände entlang und auf Küstenpfaden mit wilden Klippen und dunklen Pinienwäldern hoch und runter. Wie wäre es mit einer rund vierstündigen Steilküstenwanderung von **Barbate** aus durch den **Naturpark La Breña y Marismas del Barbate**?

Pretty in Pink: Rosa ist in Jerez de la Frontera die Farbe der traditionellen Kleidung von Frauen und Mädchen.

HISTORISCHE STADT Etwa 40 km von Cádiz entfernt liegt **Jerez de la Frontera**. Prächtige Andalusier-Pferde, Sherry und Flamenco, aber auch aristokratische Paläste, eine maurische Festung sowie die historische Stadtmauer warten auf die Besucher:innen. Die Altstadt mit ihren zahlreichen beeindruckenden Bauten gehört zu Spaniens nationalem Kulturgut.

Im ewigen Frühling

Immergrün und wunderschön erheben sich die kleinen Inseln der Azoren und der Kanaren aus dem Nordatlantik. Das ganze Jahr über herrscht ein mildes Klima.

Ein Wanderparadies: Die Azoreninsel São Miguel überrascht mit spektakulären Wegen.

Den historischen Eingang nach Ponta Delgada markieren die Portas da Cidade. Dahinter erhebt sich der Uhrturm der Iglesia de San Sebastián.

Ponta Delgada

STADTSPAZIERGANG Mit drei schlanken Bögen stehen die **Portas da Cidade** stilvoll in Kainähe und eröffnen den Blick über das Meer vor der Insel São Miguel. Die Stadttore sind das Wahrzeichen Ponta Delgadas und können, wie der Rest der Altstadt, am besten zu Fuß erkundet werden. Ein weiteres Highlight ist das **Museu Carlos Machado** mit seiner grandiosen naturkundlichen Ausstellung.

DAS GRÖSSTE TIER DER WELT Der Blauwal lebt in den Tiefen des Atlantiks rund um die Azoren. Vor allem im Frühjahr kommen die gewaltigen Meeressäuger in den Kanal zwischen **São Miguel** und Santa Maria. Mit AIDA gibt es organisierte Touren.

LOST PLACE Allein der Vulkankrater **Sete Cidades** mit seinem zweigeteilten See ist bereits eine Reise wert, aber auch die Überreste des verlassenen Hotels „Monte Palaca" haben ihren Reiz. Diese Ruine steht unweit des beliebten Aussichtspunkts **Miradouro da Vista do Rei** und bietet einen herrlichen Blick über die Caldera.

Arrecife

KÜNSTLERISCH Im **Charco de San Ginés** gestaltete César Manrique aus dem kleinen Hafen eine malerische Bucht: Mitten in Lanzarotes Inselhauptstadt schaukeln bunte Fischerboote in einer türkisfarbenen Lagune, umgeben von weißen Fischerhäuschen.

EINMALIGES ERLEBNIS Mit dem U-Boot durch die atemberaubende Unterwasserwelt der Kanaren – **Submarine Safaris Lanzarote** macht es möglich. In einem Kleinbus werden Abenteuerlustige in Arrecife abgeholt und nach Puerto Calero gebracht. Dort beginnt der Tauchgang und mit ihm eine einzigartige Fahrt 30 m unter dem Meeresspiegel.

NATURWUNDER Das einmalige Höhlensystem der **Cueva de los Verdes** liegt eingebettet in die Vulkanlandschaft der Malpaís de la Corona. Mit Gewölben und Lagunen diente es im 16. und 17. Jahrhundert als Zufluchtsort vor Piraterie.

San Sebastián

ZU FUSS ENTDECKEN Auf **La Gomera** in San Sebastiáns Gassen lässt man jede Hektik hinter sich, denn hier ticken die Uhren langsamer. Vom Hafen aus gelangen Besucher:innen zum **Torre del Conde**, umgeben von tollem Grün. Ein Stück weiter erhebt sich die **Iglesia Matriz de la Asunción**, die einigen Piratenangriffen standhielt.

WEITBLICK Etwa 2 km Fußweg vom Hafen entfernt steht der **Faro de San Cristóbal**. Von dem Leuchtturm aus kann man bei gutem Wetter bis nach Teneriffa schauen. Zurück in San Sebastián de La Gomera, lädt die **Playa de San Sebastián** zum Baden ein.

DURCH DEN MÄRCHENWALD La Gomera ist ein Wanderparadies. Der Lorbeerwald des **Garajonay-Nationalparks**, der auch als Nebel- und Märchenwald bekannt ist, zählt zum UNESCO-Welterbe. Auf den verschiedenen Routen kann man die tolle Tierwelt entdecken, darunter Kanarengeckos und Felsenhühner.

Die Lavaröhre der Cueva de los Verde entstand vor über vor 3000 bis 4500 Jahren bei einem Vulkanausbruch.
San Sebastián lädt zu einem Stadtspaziergang ein.

Frische Ostsee-Brise

Prächtige Hansestädte, moderne Metropolen, beeindruckende Natur: Zwischen Skandinavischer Halbinsel und europäischem Festland bietet die Ostsee traumhafte Kreuzfahrterlebnisse.

Reiseetagebuch:
„Vater und Sohn auf
Entdeckungsfahrt"
ab Seite 68
Stockholm
Gotland
Karlskrona
Kopen-
hagen
Warnemünde
Gdynia

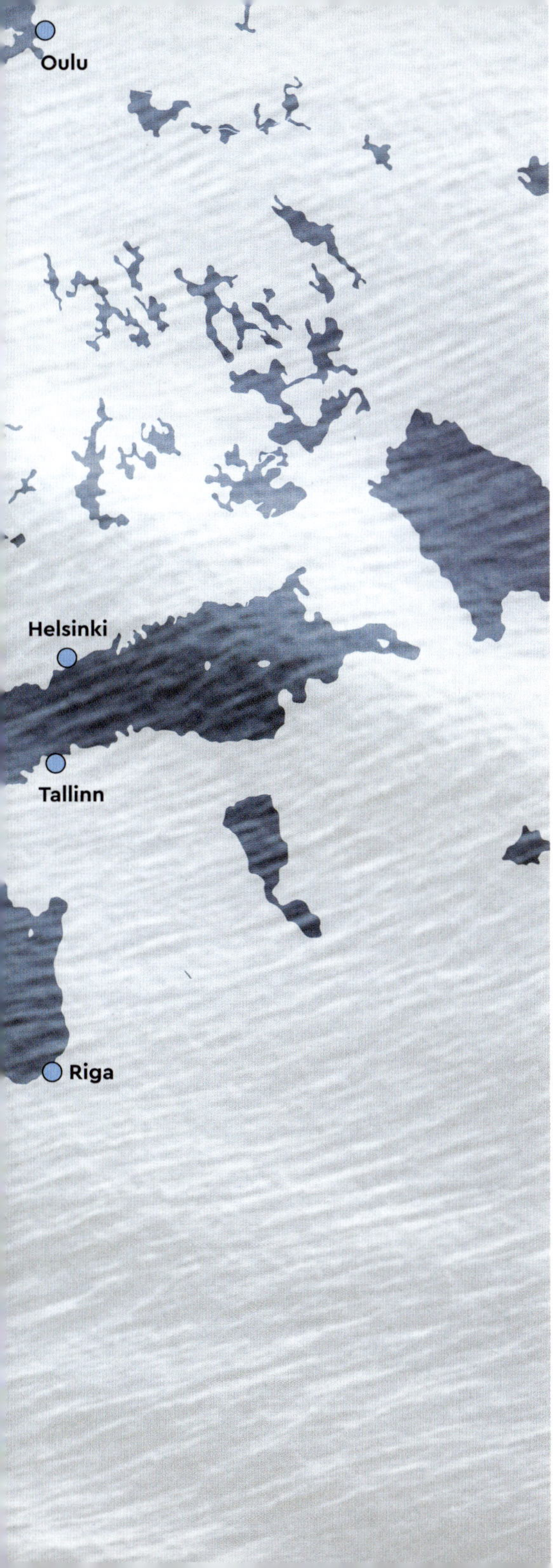

Ostsee Häfen

HÄFEN DER REISEROUTE

WEITERE SPANNENDE AIDA HÄFEN

In Schweden ist die Kaffeepause (Fika) im Familien- oder Freundeskreis eine feste Institution. Im „Rosendals Trädgård" auf Djurgården kann man die Fika z. B. im verwunschenen Kaffeegarten genießen.

Nach der Fahrt durch Stockholms Schärenwelt ist Schwedens Hauptstadt zum Greifen nah. Eine Attraktion der Stadt: die Galeone Vasa.

Auf nach Skandinavien!

Uli und Daniel erfüllen sich einen Vater-und-Sohn-Traum: Mit AIDAdiva besuchen sie einige der schönsten Ostsee-Hafenstädte, wo sie die Villa Kunterbunt sowie Stockholms Gassenlabyrinth bestaunen.

Wie ein mächtiger Wal liegt das Schiff da, blank geschrubbt, alle Luken sind geöffnet. Menschen staunen, fotografieren. Gerade hat unser Reiseführer Peter erzählt, dass die Galeone Vasa bei ihrer Jungfernfahrt im Jahr 1628 keine 1300 m weit kam, kenterte und sank. 1961 barg man das Schiff. Heute schauen wir uns die Vasa in ihrem Stockholmer Museum an. „Zum Glück sind wir nicht mit diesem Kahn unterwegs", murmelt eine Mitreisende.

Mein Vater Uli und ich stechen in Rostock-Warnemünde an Bord von AIDAdiva in See. Den ersten Tag über fahren wir nordwärts. „Das musst du sehen", rufe ich dann am Morgen – vor dem Fenster unserer Kabine erstreckt sich die prächtige Kulisse Stockholms. Während der Stadtrundfahrt führt Peter uns auf den „Balkon Stockholms": Vom Cornelis-Park im Stadtteil Södermalm überblickt man die Stadt mit ihren 14 Hauptinseln. Seit dem Morgen ist eines von Papas Hörgeräten defekt. Zum Glück hatte Peter Führungsfunkanlagen mit Kopfhörern verteilt, über die er die Gruppe unterhält. „Ich verstehe alles!", strahlt Uli.

→ **Führungsfunkanlage**
Über Headsets wird den Gästen die Stimme des Reiseleiters übertragen.

GENUSS UND ENTSPANNUNG

Am Vasa-Museum verlassen wir die Gruppe. Es ist Zeit für „Kanelbullar", wie Zimtschnecken auf Schwedisch heißen. Peter empfiehlt uns ein Café unweit des Museums: „Rosendals Trädgård" in einem wunderschönen botanischen Garten auf der Halbinsel Djurgården. Er hat nicht zu viel versprochen. Kruste und Hagelzucker krachen, als ich zubeiße, das weiche Innere ist mit Zimt und Kardamom gewürzt. „Dafür hat sich der Weg gelohnt, oder?", frage ich. „Mhmm, köstlich!" Uli streicht sich über den Schnauzbart. Mit der Tramlinie 7 rumpeln wir ins Zentrum. In der historischen

Markthalle Östermalms Saluhall auf der Einkaufsstraße Nybrogatan gönnen wir uns am Schokoladenstand das „Midsommar-Angebot": einen Espresso mit einer Praline für 30 Kronen. Kulinarisch runden wir den Tag im „Restaurang Kryp In" unweit der Deutschen Kirche mit Rentiereintopf und Hirschbraten ab. Danach fahren wir mit einem Ausflugsboot durch die abendlichen Kanäle Stockholms, bequem gebucht auf unserem Kussmundschiff. Zurück auf AIDAdiva, lasse ich mich in die Hängematte auf unserem Balkon fallen und schlummere darin ein.

Den Vortag auf See hatten wir zur Entspannung in der Wellness Oase genutzt. Mein Vater ließ sich im Spa-Bereich massieren. Ich schaute vom Whirlpool aus träge aufs Meer und schwitzte in der Sauna – ebenfalls mit Meerblick. „Jetzt kenne ich jede meiner Verspannungen", berichtete Uli auf dem Balkon unserer Heckkabine. Kein Schaumkrönchen zierte das tiefe Blau des Meeres.

ROYALE KUTSCHEN, DÜFTE UND GERÜCHE

„Wir könnten noch einmal ins Viertel Gamla Stan fahren, Mitbringsel kaufen", schlage ich an unserem zweiten Morgen in Stockholm vor. In der Västerlånggatan finden wir Tee und Lakritz. Es ist heiß, und wir besichtigen die königliche Rüstkammer mit ihren Prachtkutschen und Gewändern der Herrscherfamilien unter dem Stockholmer Schloss. Mein Vater zieht mich am Ärmel in eine Ecke des Gewölbes: „Endlich ein Museum für Schwerhörige!" An drei mit Gittern abgedeckten Röhren soll man die Gerüche des Schlachtfelds erschnuppern: Schwarzpulver, Rauch und Pferdemist. Nicht gerade angenehm! „Riech lieber mal hier", schlage ich im nächsten Raum vor. Dort enthält die „Schnüffelstation" Parfüm.

→ Seite 74

So lässt es sich aushalten: In der Hängematte auf dem Balkon kann man den Blick über die Ostsee genießen.

Warnemündes Wahrzeichen: Teepott und Leuchtturm

NICHT VERPASSEN
Warnemünde

SPAZIERGANG ZUM LEUCHTTURM Warnemündes Wahrzeichen bietet weite Ausblicke über die Warnow-Mündung und die Ostsee – direkt daneben lädt der „Teepott" ein.

WARNEMÜNDER STRAND Bis zu 200 m breit ist der weiße Strand an der Promenade. Für Aktive gibt es unter anderem Stand-Up-Paddling, Wind- und Kitesurfen.

AM STROM Mit vielen Lokalen und Boutiquen ist die Straße Am Strom – früher hieß sie „Vörreeg" (Vorderreihe) – ein lebhaftes und sehenswertes Ziel.

BUMMELN IN DER ALEXANDRINENSTRASSE Dicht an dicht säumen kleine Fachwerkhäuser diese idyllische kopfsteingepflasterte Straße, die einst „Achterreeg" (Hinterreihe) hieß. In Nummer 31 lädt das Heimatmuseum zum Besuch.

EDVARD-MUNCH-HAUS Im Fischerhaus Am Strom 53 lebte von Mai 1907 bis Oktober 1908 der berühmte Maler Edvard Munch, der „Vater der Moderne". Heute wird hier moderne Kunst gezeigt.

Im Ostseebad schlendert man durch romantische Gassen, vorbei an Schaufenstern mit Ankern und Segelbooten oder Kapitänsskulpturen, die auf Bänken verweilen.

TIPP

Für den kleinen Hunger zwischendurch ein Krabben- oder Fischbrötchen holen und gemütlich „Am Strom" genießen!

Enge Gassen, hübsche Plätze, viele Lokale: Das ist Gamla Stan.

NICHT VERPASSEN

Stockholm

1| BUMMEL DURCH GAMLA STAN
Ein **Gassenlabyrinth** mit vielen bunten, alten und gut erhaltenen Häusern – das ist Stockholms historisches Zentrum. In den zahlreichen Lokalen ist jede Menge los. Mitten im Gassengewirr liegt der **Stortorget**, ein Kopfsteinpflasterplatz mit vielen Lokalen.

2| TANTOLUNDEN In dem großen **Park** auf der Insel Södermalm trifft man sich zum Picknicken, zum Beachvolleyball, zum Boule-Spielen, zum Baden ... Ein Spaziergang auf den Hügel führt zu vielen **Kleingärten** und Gartenhäuschen. Eine ganz besondere Auszeit!

3| ÖSTERMALMS SALUHALL Stockholms berühmteste Markthalle, 1888 eröffnet und 2020 frisch renoviert, ist ein Eldorado für Gourmets – hier gibt es einfach alles, was Herz und Magen begehren. Wer etwas probieren möchte: Sitzplätze sind vorhanden, Restaurants ebenso.

TIPP

Etwa 150 Künstler:innen haben die Stationen der U-Bahn „Tunnelbana", wie etwa die Station T-Centralen, gestaltet und so die wohl längste unterirdische Galerie der Welt geschaffen.

4| GRÖNA LUND 140 Jahre alt ist dieser **Vergnügungspark** auf der Halbinsel **Djurgården** – eine Stockholmer Institution mit nostalgischen Attraktionen wie einem Kettenkarussell und vielen modernen Highlights, z. B. den Achterbahnen „Insane" und „Jetline".

5| FREILICHTMUSEUM SKANSEN Dieses Stockholm-Highlight ist dem **ländlichen Schweden** gewidmet. In einem großen Park wurden 150 historische **Herrenhäuser** und **Hütten** im Original nachgebaut. Auch Bären, Elche und Wölfe sind hier zu bestaunen.

TIPP

Zimtschnecken heißen in Schweden „Kanelbullar" und sind ein Traditionsgebäck. Besonders lecker sind sie in der „Valhallabageriet".

Östermalms Saluhall, die Markthalle, ist nicht nur wegen der Leckereien, die man dort kaufen kann, sondern auch wegen der beeindruckenden Backsteinarchitektur einen Besuch wert.

Im Theatrium können alle Gäste mithilfe einer speziellen Technik die Shows in vollen Zügen genießen.

AIDA WISSEN

EINGESCHRÄNKTE HÖRFÄHIGKEIT

AIDA hat sich seit Langem auf die besonderen Anforderungen von Menschen mit Beeinträchtigungen eingestellt. Das Unternehmen ist regelmäßig im Austausch mit Menschen und Verbänden, die sich um die Interessen von Personen mit eingeschränkter Geh-, Seh- oder Hörfähigkeit kümmern.
Für Reisende mit Hörschädigungen hat AIDA folgende Hilfsmittel im Programm: Ein Kabinenset zur Umwandlung von Alarmsignalen, Telefonklingeln und Türklopfen in optische Signale, Pager (mobile Funkempfänger) mit Vibration in Alarmsituationen, die Rezeption ist mit einer induktiven Höranlage zur Verstärkung gesprochener Worte für Nutzende von Hörgeräten und Implantaten ausgestattet, und im Theatrium werden akustische Signale mithilfe einer Ring-Induktionsschleife verstärkt. Je nach Schiffsklasse variiert die Ausstattung. Sicherheitsvideos sind mit Texten untertitelt, und wichtige Bordinformationen werden im Bordfernsehen in Textform wiedergegeben.

ARCHIPEL DER KORMORANE

Zurück auf dem Schiff, legen wir bald ab. Es folgt der abwechslungsreichste Teil unseres Abenteuers: AIDAdiva durchquert den Archipel der etwa 24 000 Schäreninseln. Auf dem Hinweg waren wir um 4:30 Uhr aufgestanden, um die Passage zu erleben. Tief über dem Horizont stehend, verwandelte die Sonne die Ostsee in ein Meer aus flüssigem Gold. Nun, auf der Rückfahrt, entdecke ich Kormorane. Hunderte von ihnen halten einen großen Felsen so dicht besetzt, dass Dutzende im Wasser schwimmen müssen.

DÄMMERSCHOPPEN MIT GITARRE

Der Nachmittag gehört dem Bordprogramm. Papa geht ins Fitnessstudio, ich aufs Sportaußendeck, um mit dem Basketball ein paar Körbe zu werfen. Vor dem Abendessen besuchen wir das Theatrium. Mein Vater testet die Induktionsspule, die dort eingebaut ist. Sie überträgt ihm den Ton der Show „AIDA Stars", die wir ansehen wollen, direkt ins Hörgerät. Nach dem Essen stoßen wir bei einem Drink in der AIDA Lounge im Schiffsbug auf die erste Station der Reise an, während vor den Fenstern die Sonne in der Ostsee versinkt.

Am nächsten Abend lauscht Uli dem Gitarristen und Sänger Viktor in der Almhütte, während ich mir Zeit für mein Reisetagebuch nehme. „Er hat eine schöne Stimme", erzählt Papa. Vom Konzert der Band Midnight Fever berichtet er am Abend darauf beschwingt: „Die

Nach einer aufregenden Küstenwanderung im Högklint-Naturreservat mit spektakulären Aussichten kann man den Tag an der AIDA Bar ausklingen lassen.

waren richtig gut! Gerade haben sie ‚We will rock you' gespielt!" Den Queen-Klassiker im Ohr, schlägt er zweimal sacht aufs Balkongeländer, klatscht einmal in die Hände und lächelt.

GOTLANDS ROSEN, SCHAUMKRONEN UND EIN KUNTERBUNTES HAUS

Unter regenschweren Wolken legen wir in Visby an. Gischt spritzt über die Pier. Wir schlendern in Richtung des Doms. „Kein Trubel, keine Autogeräusche, eine Wohltat", sagt mein Vater. Quirliger ist es auf dem Marktplatz, wo Krämer:innen ihre Stände aufbauen.

Mit Reiseführerin Ann unternehmen wir auf hohen Klippen eine bei AIDA gebuchte Küstenwanderung. Blaue Zichorien mit gelben Königskerzen vor roten Spornblumen sprenkeln die Landschaft in den Farben des schwedischen Sommers. „Wenn Sie möchten, halten wir auf der Rückfahrt bei der Villa Kunterbunt an!", schlägt Ann vor. Das Gebäude, in dem Astrid Lindgrens „Pippi Langstrumpf" verfilmt wurde, liegt heute in einem Freizeitpark. „Dass ich mit 69 Jahren noch die Villa Kunterbunt sehe!", freut sich Uli.

→ Seite 78

UNESCO-Welterbe: Die mittelalterliche Hansestadt Visby lädt mit ihrer gut erhaltenen Stadtmauer inklusive 44 Wehrtürmen zum Erkunden ein. In alter Zeit gab es auch etwa 14 Kirchen, davon steht nur noch die Domkyrka in voller Pracht. Die restlichen wurden vor allem im 16. Jahrhundert von den Lübecker:innen, die im Streit um den dänischen Thron Frederik I. unterstützten, zerstört und geplündert.

Die Postkartenidylle von Brändaholm lässt sich wunderbar von Karlskrona aus auf einer Paddeltour erkunden. Und auf Gotland kann man dem fröhlichen „Mäh" der Pelzschafe lauschen.

BLITZ, DONNER – UND EIN POSTKARTENMOTIV

Ohne anzulegen, erreichen wir tags darauf Karlskrona: AIDAdiva ankert vor dem Hafen. Vom Balkon aus beobachte ich die Crew. Mit der barocken Altstadt und dem kolossalen Steinmauernquader des Pulverturms als Kulisse lässt sie zwei unserer Tenderboote zu Wasser. „Wir steigen in das Beiboot mit der Nummer 18. Das ist unser Boot!", bemerke ich. Vor dem Auslaufen in Warnemünde hatten wir uns die untertitelte Sicherheitseinweisung im Kabinen-TV angesehen. Die Rettungswesten im Schrank tragen die Kabinennummer. Wir schlüpften hinein und begaben uns auf Deck 5 zum Einstiegspunkt für Boot 18. Der Kapitän löste Probealarm aus. Mein Vater schaltete seine Hörgeräte aus und verkündete: „Davon würde ich nicht aufwachen!" Kurz darauf brachte eine AIDA Mitarbeiterin das Kabinenset mit Blinklicht und Vibrationsalarm. Seitdem leuchten Blitze auf und es vibriert in der Kabine, wenn der Steward an der Tür klingelt.

→ Kabinenset **Das Set wandelt Alarmsignale, Telefonklingeln, Türklopfen und -klingeln in optische Blitzsignale und teilweise auch in Vibrationsimpulse um.**

Boot 18 bringt uns in den Tenderhafen. Auf dem Marktplatz fotografieren wir die Statue des Stadtgründers Karl XI. Die Einkaufsstraße Borgmästaregatan führt uns zum Fischmarkt und zur Insel Stakholmen. Auf einem schwimmenden Steg balancieren wir hinüber. Jenseits eines Ostseeausläufers liegen die 45 Häuschen der Siedlung Brändaholm in der Sonne, ein typisch schwedisches Postkartenmotiv.

NICHT VERPASSEN

Visby und Karlskrona

KARAMELLBODEN In diesem Süßwarenladen in Visby, der von Pippi Langstrumpfs bunter Welt inspiriert ist, stapelt sich das Zuckerwerk in alten Holzregalen bis zur Decke.

BOTANISCHER GARTEN Umrahmt von Visbys Stadtmauer und der Uferpromenade erstrahlen Magnolien neben Apfelbäumen in einem nahezu perfekten Grün. Der verwunschene Ort lädt zum Verweilen und Entspannen ein.

STORTORGET In Karlskrona prägen das Rathaus, zwei barocke Kirchen, ein Standbild von König Karl XI. sowie der ehemalige Wasserspeicher Vattenborg mit Türmen und Zinnen die prächtige Kulisse des zentralen Platzes.

MARINEMUSEUM Teilweise auf Pfählen steht Karlskronas Marinemuseum, an dem einige historische Schiffe vertäut liegen. In der U-Boot-Halle steht die HMS Neptun. Besucher:innen dürfen auch einen Blick in das Innere des geschichtsträchtigen U-Boots werfen.

TIPP

Die sanften Locken der Gotland-Pelzschafe geben wunderbar weiche Wolle. In dem kleinen Laden Yllet in Visby findet man diese in allen Varianten und auch bereits verstrickt als Pullover oder Socken.

Weltweit einzigartig: die Galionshalle in Karlskronas Marinemuseum

Die Kopenhagener:innen lieben es zu baden. Ob am Stadtstrand, im Hafenbecken an der Oper oder im neuen, nachhaltig geplanten Stadtteil Nordhavn – inmitten der dänischen Metropole kann man vielerorts ins kühle Nass springen.

AIDA WISSEN

BEST PIZZA @ SEA

Ein gastronomisches Highlight auf AIDAbella, AIDAdiva und AIDAluna! Im rustikalen Flair dieses Restaurants kommen bekannte Pizzavariationen und neue Kreationen auf die Teller. Umrahmt wird der Pizzagenuss von Vorspeisen wie Meeresfrüchtesalat oder Bruschetta und typisch italienischen Nachspeisen. Unbedingt probieren sollte man das Tiramisu. Für Kids gibt es Pizzaklassiker in kleineren Größen.

GENUSS AHOI!

Abends besuchen wir das Best Pizza @ Sea und lassen uns eine leckere Pizza schmecken. Meist nahmen wir unsere Mahlzeiten in einem der Buffet-Restaurants ein. Am letzten Reisetag gönnen wir uns ein besonderes Gourmet-Frühstück im Buffalo Steak House. Brötchen, Käse, frisch zubereitete Eierspeisen, Fisch, Schinken, Orangensaft und Starbucks-Kaffee servieren die Kellner am Tisch. „Die schütten da eine ganze Insel auf, das ist ja der Wahnsinn!", ruft mein Vater unvermittelt beim Blick aus dem Fenster. Wir sind in Kopenhagen angekommen.

DÄNEMARKS STADTTEIL DER ZUKUNFT UND DER ALTE STROM

Ein Shuttlebus bringt uns in die Nähe der Statue der Kleinen Meerjungfrau. Dort treffen wir Freund:innen, die in Dänemark leben und uns den architektonischen Vorzeige-Stadtteil Nordhavn mit futuristischen, bepflanzten Wohnhäusern zeigen. Uli filmt: „Wenn man so viele alte Städte besucht hat, ist es toll zu sehen, was an Neuem möglich ist."

Die letzte Etappe führt AIDAdiva zurück nach Warnemünde mit seiner pittoresken Kulisse aus Fischerhäuschen und Fischerbooten. An den Bootsterrassen kommen wir mit einer Einheimischen ins Gespräch, die uns „Die Eisdiele" empfiehlt. In der Schlange schiebt mein Vater mich plötzlich zur Seite. „Pass auf!", sagt er, als ein blonder Steppke auf seinem Laufrad erst direkt auf die Warteschlange und dann mitten in das Eiscafé steuert. „Ein Drive-in für Eis, lässig!", meine ich. Wir spazieren zum Warnemünde Cruise Center, wo sich vor einem Schiff ein Menschenpulk gebildet hat. Es ist AIDAdiva mit ihrem Kussmund, von der ich mich wenig später aus dem Zug heraus mit einem Nicken verabschiede.

Seine Ausbildung zum Koch absolvierte Julian Weltz im Park Hotel Ahrensburg. Seit 2017 ist der 40-Jährige Küchenchef auf AIDAdiva.

IM GESPRÄCH ...

... mit dem Küchenchef

Herr Weltz, wie stellen Sie sich auf besondere Ernährungsbedürfnisse ein, etwa bei Gästen mit Nahrungsmittelallergien?
Unseren Gästen bieten wir neben einem vegetarischen Buffet auch eine Schonkostbar mit vielen gesunden, leckeren Speisen an. Zudem haben wir ein gluten- und laktosefreies Angebot. Das zeichnen wir mit Buffetkarten aus: glutenfrei, laktosefrei, vegetarisch, vegan. Für Rücksprachen sind meine „rechten Hände", die Souschefs, und meine Wenigkeit zuständig. Das Portfolio der Allergene ist ja nicht auf Gluten und Laktose beschränkt.

Sollten Reisende ihre Allergien mitteilen?
Unbedingt, meistens liegt uns bereits eine Anmeldung der Gäste mit ihren Allergien über myAIDA vor. Zudem führen wir bei unserem Allergikertreff am Anfang der Reise Gespräche mit diesen und allen anderen Gästen, die zu dem Treffen kommen.

Es gibt einen Allergikertreff?
Ja, der Termin steht in der Bordzeitung AIDA Heute. Alle, die sich auf myAIDA angemeldet haben, erhalten eine Einladung. Grundsätzlich stehen wir aber immer zur Verfügung und können individuell, mit einem entsprechenden Vorlauf, spezielle Nahrungsmittel bestellen. Erster Anlaufpunkt für Allergiker:innen zur Essenszeit ist dann die Schonkostbar. Bei der Zubereitung achten unsere Diätköch:innen auf die Einhaltung der speziellen Anforderungen.

Können Sie auch auf Gäste eingehen, die eine schwere Nahrungsmittelallergie haben?
Auf einer Reise hatten wir zwei Gäste, die fast nichts essen durften. Über das Team Barrierefreiheit wurde bei uns angefragt, ob wir das handhaben können. Unsere Allergendatenbank, die laufend aktualisiert wird, bietet die Möglichkeit, jedes Produkt einzeln zu filtern und zu sehen, was darin enthalten ist. Wir haben uns die Allergene angeschaut und gesagt: „Können wir!" Dann wurden kleine Menüpläne geschrieben und mit den Gästen individuell abgestimmt. Das ist für uns alltäglicher Service. Ein Gast mit einer Lebensmittelallergie soll genau wie die anderen Gäste ein schönes Urlaubserlebnis haben und sich nicht eingeschränkt fühlen.

NICHT VERPASSEN

Kopenhagen

1| FORGOTTEN GIANTS UND MEHR Ein Kopenhagen-Klassiker ist die Skulptur „Die Kleine Meerjungfrau". Nicht so überlaufen sind die Forgotten Giants – Skulpturen aus recyceltem Holz, die der Künstler Thomas Dambo geschaffen hat. Sechs Riesen verstecken sich inmitten grüner Rückzugsorte der Stadt, an Wäldchen oder Seen.

2| NYHAVN
Mit bunten Häuschen und Segelschiffen bietet der Hafen jede Menge Flair.

Street-Art-City: Neben den Forgotten Giants findet man über die ganze Stadt verteilt, und natürlich überall in Christiania, bunt bemalte Fassaden. Gigantische Unterwasserwelt: Dänemarks Nationales Aquarium lässt einen ins Meer eintauchen.

3| CHRISTIANIA

Bunte Häuser, Skulpturenkunst und farbenfrohe Street-Art: Christiania gilt als Hippiekommune der Stadt und wird als autonome Gemeinde geduldet.

4| SCHLOSS ROSENBORG

Wie aus einem Märchenbuch entsprungen, liegt das Renaissanceschloss in der grünen Oase eines königlichen Parks und zeigt unter anderem die Kronjuwelen.

5| SCHLOSS AMALIENBORG

Royales Erlebnis: Im Gleichschritt einer taktvollen Choreografie findet am Wohnsitz der königlichen Familie, wenn sie zu Hause weilt, täglich um 12:00 Uhr die Wachablösung statt.

6| DEN BLÅ PLANET

Nordeuropas größtes Aquarium am Øresund-Ufer bietet faszinierende Einblicke in heimische und tropische Unterwasserwelten.

TIPP

Kopenhagen ist mit seinem Radwegenetz von mehr als 400 km eine echte Fahrradstadt. Man kann sie sehr gut auf dem Drahtesel erkunden, z. B. im Rahmen eines AIDA Biking-Ausflugs. Wer lieber auf eigene Faust unterwegs ist, lädt sich eine der verschiedenen Bike-Apps herunter – und schon geht es los!

Wilde Natur: Im Nuuksio-Nationalpark kann man die typische finnische Landschaft mit ihren schönen Seen, grünen Wäldern und schroffen Felsen erwandern und die Einsamkeit genießen.

Charmante Nordlichter

Attraktive Hafenstädte im „glücklichsten Land der Erde" sind die Metropole Helsinki und weit im Norden das pulsierende Oulu – mit einem Faible für Technik und Innovationen.

Im Sommer gehört der späte Sonnenuntergang zu den Reizen des Nordens. Besonders angenehm lässt er sich auf der Terrasse des Allas Sea Pools vor der Kulisse des prächtigen Doms genießen.

Helsinki

SENATSPLATZ Im Norden des klassizistisch geprägten Platzes steht mit fünf grünen Kuppeln die **Domkirche**. Vom **Senatsgebäude** gegenüber regierte zur Zarenzeit der Senat das Land. Nur einen Katzensprung entfernt liegt direkt am Südhafen der Marktplatz mit der alten **Markthalle**.

VIERTEL PUNAVUORI UND EIRA Für Shoppingfans ist das Viertel **Punavuori** mit seinen Modeboutiquen, Schmuckwerkstätten, Designerstudios, Museen und Kunstgalerien ein interessantes Ziel. Etwas weiter südlich liegt der vornehme Stadtteil **Eira** mit pastellfarbenen Art-déco- und Jugendstilgebäuden.

NUUKSIO-NATIONALPARK Mit S-Bahn und Bus ist dieser malerisch in einer hügeligen **Waldlandschaft** gelegene Nationalpark mit vielen kleinen **Seen** von Helsinki aus leicht zu erreichen. Am besten buchen Sie einen Ausflug, um die schönsten Ecken zu sehen.

In Finnland leben etwa 200 000 Rentiere, die einem auf einer Wanderung vielleicht begegnen.

Das Wahrzeichen von Helsinki, der Dom, beeindruckt nicht nur mit seiner herrlicher Architektur von außen, sondern ist auch im Inneren ein schlichtes Juwel.

Rot gestrichene Blockhütten aus Holz, die früher als Lagerhäuser dienten, erheben sich im alten Zentrum rund um den Hafen von Oulu.

Oulu

TIETOMAA SCIENCE CENTRE Finnlands erstes Wissenschaftszentrum ist der perfekte Ort, um Spaß zu haben, Gehirn und Körper auf die Probe zu stellen oder einfach nur Zeit mit unterhaltsamen Erkundungen zu verbringen. Wie wäre es mit einem Abenteuer auf dem **Schnellbootsimulator** oder in magischen **Sandlandschaften**?

INSEL PIKISAARI Wer die Fußgängerbrücke vom Marktplatz zur Insel Pikisaari überquert, betritt ein idyllisches Viertel mit **Holzhäusern** und **historischen Fabriken**. Heute ist es Heimat und Atelier für viele **Kunstschaffende**.

NALLIKARI Ein beliebtes Ausflugsziel ist der nahe gelegene Badeort Nallikari mit einem wunderbaren **Sandstrand**, der vielleicht der schönste in ganz Finnland ist.

Ostsee-Perlen

Mittelalter, Jugendstil und Bauhaus prägen diese wunderschönen Städte mit ihrem beeindruckenden historischen Erbe und viel jugendlichem Schwung.

Rigas Zentrum beeindruckt mit dem Schwarzhäupterhaus und der Petrikirche.

Street-Art wird in Tallinn großgeschrieben. Den Mittelpunkt der Kunst bildet der Kreativcampus Telliskivi, auf dem man Galerien, kleine Geschäfte, Start-ups und Museen findet.

Riga

ALTSTADTBUMMEL Durch die mittelalterliche Altstadt mit ihren verwinkelten **Gassen** und farbenfrohen **Klosterhöfen**, **Kaufmanns- und Gildehäusern** lässt man sich am besten einfach treiben und genießt in einem der Straßencafés zwischen Dom-, Liven- und Rathausplatz eine Pause.

DIE NEUSTADT Das einzigartige Jugendstilviertel Rigas wurde 1997 mit der gesamten Innenstadt ins UNESCO-Welterbe aufgenommen. Im **Riga Art Nouveau Centre** wird der Stil im Detail lebendig.

BASTEIBERG Am östlichen Rand der Altstadt lädt der Basteiberg, eine weitläufige **Parkanlage**, mit dem Schlosskanal und künstlichen Wasserfällen zum Entspannen ein.

MUSEUM FÜR STADTGESCHICHTE Im Ensemble des **Doms zu Riga** untergebracht, wird in den 16 Sälen dieses Museums die Geschichte Rigas erzählt. Beeindruckend: der **Kolonnadensaal** im Bereich der ehemaligen Klosterräume.

„Praetud kala" ist ein traditionelles estnisches Bratfischgericht.

Tallinn

MITTELALTERJUWEL Die märchenhafte Altstadt, ein UNESCO-Welterbe, teilt sich in den **Domberg** und die **Unterstadt**. Zum Domberg locken Schloss, Aussichtsplattform und Kathedrale, die romantisch verwinkelte **Unterstadt** bietet Rathausplatz, Stadtmauer, Cafés, Bars, Läden ...

FASSADENKUNST Tallinn ist auch ein **Graffiti-Hotspot**. Überall in der Stadt zieren bunte Bilder Wände und Zäune, z. B. am Kreativcampus **Telliskivi** am Rand der Altstadt, wo Tallinns Kunst-, Alternativ- und Kreativszene zu Hause ist.

KAJAKTOUR IN TALLINN Auf ins Abenteuer: Im Kajak erlebt man auf einer einfachen Tour die mittelalterliche und moderne Skyline der Hauptstadt Estlands aus einer einzigartigen Perspektive.

Gdynia

DAS TOR ZU GDANSK Nicht weit von Gdansk (Danzig) liegt das stark von seinem **Hafen** geprägte Gdynia. Vom Bauhausstil beeinflusst, entstand hier der heute wichtigste Ostseehafen Polens. Wegen der meist weiß getünchten Häuserfassaden wird der Ort auch **„weiße Stadt am Meer"** genannt.

SÜDMOLE An dieser breiten, 600 m langen Seebrücke liegen der Torpedozerstörer **Błyskawica** und der Zerstörer **ORP Burza** sowie der Großsegler **Dar Pomorza** als Museumsschiffe vertäut. Das Ensemble ist in Gdynia eine beliebte Attraktion.

ORŁOWO Der Stadtteil von Gdynia lädt mit einer Seebrücke, Strand und Steilküste zu einem schönen Ausflug ein. Auf Deutsch heißt der Stadtteil übrigens Adlerhorst, benannt nach einer Legende von zwei kämpfenden Adlern über der Küste.

Am Hafen von Gdynia liegen die Schiffe vor der Silhouette der Stadt.

La Dolce Vita

Türkisblaues Wasser, weiße Traumstrände, antike Städte: Von Spaniens Küste über Italiens attraktive Häfen bis in die türkische Ägäis wartet das Mittelmeer mit einzigartigen mediterranen Urlaubszielen.

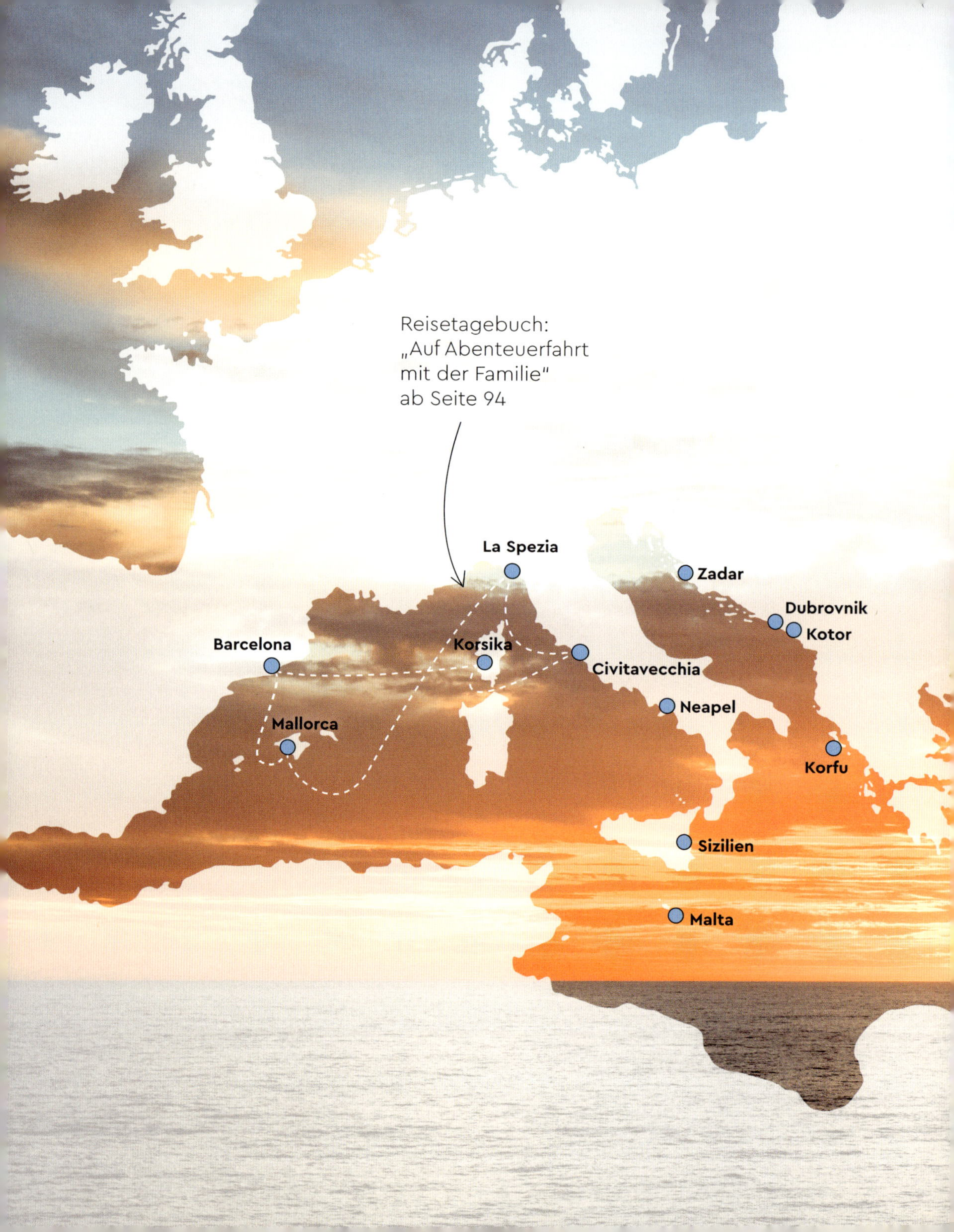
Reiseetagebuch:
„Auf Abenteuerfahrt
mit der Familie"
ab Seite 94
La Spezia
Zadar
Dubrovnik
Kotor
Barcelona
Korsika
Civitavecchia
Neapel
Mallorca
Korfu
Sizilien
Malta

Mittelmeer *Häfen*

HÄFEN DER REISEROUTE

WEITERE SPANNENDE AIDA HÄFEN

Frisch gestärkt freut sich Sylvia mit Tochter Flora, Sohn Leo und Ehemann Thomas nach dem Abendessen auf ihre erste Nacht auf AIDAcosma.

Richtig viel Spaß haben die Kinder auf dem Ocean Deck mit Infinity-Pool! Was für ein Urlaub!

Familienspaß auf See

Eine einzigartige Reise wagt Familie Pollex: An Bord von AIDAcosma schippern sie über das glitzernde Mittelmeer zu antiken Hafenstädten, genießen die Seetage auf dem Schiff und finden im Fun Park Kids neue Freunde.

Ganz leise schleiche ich mich aus unserer Kabine, die Familie schläft noch. In der Morgendämmerung sitze ich auf der Veranda, um mich herum ist nur Wasser. Weder Schiffe noch Küsten sind in Sicht. Auch kein Mensch an Deck unseres beeindruckenden Schiffs AIDAcosma, die leise durch die absolut stille See des nördlichen Mittelmeeres gleitet. Ich habe das Meer bisher nur in der Nähe seiner Ufer gekannt. Klar, ich bin auf Fähren gefahren, einige Küsten entlanggepaddelt und auch mal sehr weit rausgeschwommen. Aber wie es sein würde, Stunden, ja Tage auf dem Meer unterwegs zu sein, das wusste ich nicht. Es fühlt sich gut an!

Als die Kinder und mein Mann auf den Balkon kommen, ist die Sonne bereits aufgegangen. Wir genießen die frische Morgenluft, und während ich den Kindern aus Jules Vernes Kinderbuchklassiker „Zwanzigtausend Meilen unter dem Meer" vorlese, ruft Leo: „Ich sehe Delfine!" Tatsächlich schwimmen und springen die schönen Tiere in einer langen Linie gar nicht so weit von uns entfernt aus dem Wasser. Sie begleiten uns. Fast verpassen wir unser Essen im Frühstückslieblingsort der Kids, dem Markt Restaurant.

LEUCHTENDE KINDERAUGEN

Heute ist Seetag. Flora und Leo haben bei Pancakes mit leckeren Früchten, Kartoffelpuffern und Eis schon das Tagesprogramm festgezurrt. Die Wasserrutschen stehen ganz oben auf ihrer Liste. 40 m über dem Meer sausen sie eine Runde nach der anderen in einer transparenten Röhre über mehrere Decks. Unter den mitreisenden Ferienkindern an Bord finden sie später im Fun Park Kids schnell Gleichgesinnte. Mit ihnen klettern und balancieren sie durch enge

→ Fun Park Kids

Rutsche, Klettergarten und vieles mehr: ein spaßiger Indoor-Spielplatz für kleine Abenteurer.

Ganze 44 m ragt die gotische Kathedrale La Seu in die Höhe und ist ein besonderes Highlight, das man in Palma entdecken kann.

NICHT VERPASSEN
Palma

WASSERSPORT An der **Playa de Palma** sind Wassersportarten wie Windsurfen, Parasailing, Fliteboarding und Stand-Up-Paddling angesagt.

PALMA AQUARIUM Bunte Fische, kleine Seepferdchen, schimmernde Quallen – im Aquarium von Palma tauchen kleine und große Besucher:innen in die faszinierende Unterwasserwelt ein. Hier lernt man jede Menge über die Meereslebensräume, besonders über die Tiere und Pflanzen des Mittelmeeres.

KUNST VON JOAN MIRÓ Den bekannten katalanischen Künstler verband eine ganz besondere Beziehung mit Mallorca, ab 1956 lebte und arbeitete er in Palma. Zahlreiche seiner Werke werden heute im Museum **Fundació Pilar i Joan Miró a Mallorca** gezeigt.

MERCAT DE L'OLIVAR Einheimische, Urlauber:innen, Köch:innen und Neugierige tummeln sich an der **Plaça de l'Olivar** in Palma: Die lebhafte traditionelle Markthalle überrascht seit über 70 Jahren mit einer großen Auswahl an exotischem Obst und Gemüse sowie wohlduftenden Gewürzen, fangfrischen Meeresfrüchten und so vielem mehr!

Bezaubernd sind Palmas enge Gassen, die zum Schlendern und Erkunden einladen.

LA SEU Die Kathedrale der Heiligen Maria mit dem markanten Rosettenfenster kann man nach einem ausgiebigen Spaziergang entlang der Bucht bewundern. Das große Wahrzeichen von Palma nahe am Meer begeistert sowohl von außen als auch von innen.

Die Boulder-Wand erklimmt Leo an der frischen Meeresluft und spielt mit seiner Schwester im Bällebad im Kids Club.

AIDA WISSEN AHOI, KINDER!

Die Schiffe sind Familienparadiese, auf denen kleine und große AIDA Fans jede Menge Abenteuer erleben. Im Kids Club toben, tanzen, basteln und spielen Minimatrosen zwischen 3 und 11 Jahren, während Teens von 12 bis 17 Jahren im Teens Programm bei altersgerechten und kreativen Angeboten ihren Spaß haben oder Spa-Anwendungen und Fitnesskurse genießen. Ganz kleine Gäste zwischen 6 und 36 Monaten werden auf den größten AIDA Schiffen im Mini Club betreut und gehen gemeinsam auf Entdeckungsreise. Buggy, Babyphone und Babybett für die Kabine können selbstverständlich nach vorheriger Reservierung bequem an Bord ausgeliehen werden. Glücklich machen auch die familienfreundlichen Preise und die Kabinen mit Verbindungstür – ideal für bis zu acht Personen.

Seilkanäle und testen an der T-Wall ihre Reaktionsgeschwindigkeit, indem sie nach aufleuchtenden Punkten springen, die es schnellstmöglich zu berühren gilt. Später liegen sie faul mit einem Clubbie-Cocktail und neuen Freund:innen in der Sonne.

Am Nachmittag retten wir den Mars. Mit VR-Brillen reisen wir im Theatrium durch die virtuelle Welt „Moon to Mars", in der alle Familienmitglieder zu roten Aliens werden, die möglichst weiträumig umgangen werden müssen. Als ich die Brille abnehme, sehe ich Flora, die auf dem Boden vermeintliche Blumen pflückt und gleich darauf eine imaginäre Person umarmt. Offensichtlich ist sie inzwischen in einem anderen Programm unterwegs, während Leo und Thomas nach wie vor auf dem Mond Aufgaben lösen, um sich auf den Mars zu teleportieren.

La Spezia erstreckt sich beeindruckend an der Küste entlang und glänzt mit seiner mediterranen Altstadt.

TIPP

Auf dem **Mercato Ortofrutticolo e Ittico** in Hafennähe gibt es frisches Obst und Gemüse. Die lokalen Spezialitäten bekommt man hier günstiger als in den Supermärkten der Stadt.

NICHT VERPASSEN

La Spezia

CATTEDRALE DI CRISTO Die moderne und etwas ungewöhnliche Architektur der Kirche lässt einen staunen. Herrlich ist die Aussicht, die Besucher:innen von hier aus über die Stadt und den Hafen genießen. Anschließend kann man die **bunte Altstadt** erkunden und mit einem Aufzug von der Hauptstraße aus zum **Castello San Giorgio** hinauffahren, das über La Spezia wacht.

MUSEO TECNICO NAVALE Das Marinemuseum ist nicht nur eine gute Schlechtwetteroption. Es beherbergt viele maritime Kuriositäten, darunter kleine Modelle von Segelschiffen aus aller Welt, ungewöhnliche Taucheranzüge und beeindruckende Galionsfiguren.

NATIONALPARK CINQUE TERRE Von La Spezia aus gelangt man mit dem Zug oder mit einem AIDA Ausflug zu den fünf zauberhaften Orten der Cinque Terre. Sanft schmiegen sie sich mit ihren **farbenfrohen Häusern** an die Küste und werden umrahmt von Weinbergen an steilen Hängen. Alle Orte sind durch schöne, stufenreiche Wanderwege verbunden.

PISA La Spezia ist ein guter Ausgangspunkt für Ausflüge nach Pisa. Auf der **Piazza dei Miracoli** lassen sich der **Schiefe Turm von Pisa**, der **Dom Santa Maria Assunta**, das **Baptisterium** und der **Camposanto Monumentale** bestaunen – das Ensemble ist Teil des UNESCO-Welterbes.

VON WIND UND WELLEN

Dann spricht der Kapitän. Er erzählt von den 465 Seemeilen, die wir im Lauf dieses Tages zurücklegen werden, und vom Mistral, dem starken Wind, der dem Rhônetal folgt und in südlicher Richtung über das Mittelmeer bläst. Heute mit Windstärke 7. Alles gut also, meint der Kapitän.

Wir spüren die Kraft des Windes und die Wellenbewegungen, die uns durch das Wasser schaukeln. Misstrauisch achte ich heute auf die Stimme des Kapitäns – will er uns nur beruhigen? Dass sich die Kraft des Windes in der Höhe der Wellen entfaltet, merken wir an unseren etwas flauen Mägen. Aber der Blick aufs Meer ist faszinierend. Große Wellen rollen heran, und in der sich brechenden Gischt bilden sich kleine Regenbogen. Ich glaube an die Stabilisatoren im Schiff, die Schwankungen ausgleichen können – und überhaupt ist das hier ja kein Fischerkahn!

Genau heute haben wir Plätze im Time Machine Restaurant reserviert. Die Kunstfigur Professor Tempus empfängt uns zu einer mitreißenden Inszenierung, einer Reise durch Zeit und Raum, die bereits in dem knarzenden und schüttelnden Fahrstuhl beginnt, der uns tief hinunterführt ins Schiff. Ob in Fantasie oder Wirklichkeit, bleibt offen – zumindest für die Kinder. Das Schwanken des Schiffs wird wie von Zauberhand nach und nach geringer. Wir genießen einen wunderbar unterhaltsamen Abend, der uns über die Screenfenster der U-Boot-ähnlichen Zeitreisemaschine in Zukunft und Vergangenheit führt, ins Weltall und auf den Meeresgrund. Währenddessen serviert uns das Bordrestaurant ein köstliches Menü.

Ein fantastisches Zeitreise-Dinner erleben die AIDA Gäste im Time Machine Restaurant. Anschließend kann man einen Sundowner auf dem Ocean Deck genießen.

Ostia Antica ist eine der bedeutendsten Ausgrabungsstätten des Römischen Reiches.

Zurück in Civitavecchia, genießt man noch einen Espresso in der „Bar Italia", bevor es wieder aufs Schiff geht.

METROPOLEN DES SÜDENS

Die kommenden Reisetage führen uns nach Italien, Frankreich und Spanien. Immer wieder verlassen wir unser Zuhause auf Zeit – AIDAcosma – für Ausflüge und Exkursionen. Ich war noch nie in Rom. Als wir den Hafen von Civitavecchia ansteuern, ist die Versuchung groß, sich einem der zahlreichen AIDA Ausflüge in die Stadt anzuschließen. Eine Radtour, das wäre was für uns. Oder sogar Rom? Die Familienmünze fällt für eine Führung durch die antike Hafen- und UNESCO-Welterbe-Stadt Ostia. Wir freuen uns den ganzen Tag über diese Entscheidung, denn mit 20 Gleichgesinnten im Schatten uralter Pinienbäume durch die über 2000 Jahre alte Stadt nahe am Meer zu schlendern, ist eine willkommene Abwechslung. Wir lernen, wie die alten Römer wohnten, dass sie in Restaurants aßen, anstatt selbst zu kochen, gut zu leben wussten und als Unterwäsche ein Tuch trugen, das nach der Wäsche im Waschhaus jedes Mal den Besitzer wechselte. Mit diesen lebendigen Erzählungen aus der Antike kann die charmante Reiseleiterin sogar unseren Sohn Leo knacken, der gleich zu Beginn der Führung verkündet hatte: „Ich finde Ostia nicht so spannend, wir Kids interessieren uns einfach mehr für die neue als für die alte Welt."

→ Seite 104

NICHT VERPASSEN

Civitavecchia

FORTEZZA MICHELANGELO Beim Spaziergang im historischen Hafen passiert man die **Festung Michelangelo** sowie Denkmäler und Statuen wie die „Kissing in Memory of a Port".

TERME DELLA FICONCELLA Etwa 5 km von Civitavecchia entfernt heißt es: Seele baumeln lassen! Im alten Thermalbad mit Heilwasser – benannt nach dem Feigenbaum – entspannt und genießt man den schönen Ausblick über die hügelige Landschaft.

ALTSTADT Im Innern der bröckelnden Stadtmauern schlägt das mittelalterliche Herz Civitavecchias: Hier laden wunderbare alte Kirchen und die Piazza Leandra, das geheime Juwel der Stadt, zu einer Entdeckungstour ein.

ROM Civitavecchia eignet sich hervorragend als Ausgangshafen, um die etwa eine Stunde entfernte Hauptstadt Italiens zu besichtigen. Sie bietet eine unfassbare Fülle an Sehenswürdigkeiten. So warten Kolosseum, Trevi-Brunnen, Forum Romanum, Vatikanstadt mit dem Petersdom, Pantheon, Piazza Navona und vieles mehr auf Besucher:innen aus aller Welt.

TIPP

In Civitavecchia sollten eine traditionelle Fischsuppe oder „Fettucine allo Scoglio" probiert werden. Fisch und jede Menge regionale Spezialitäten bietet der **Mercato di Civitavecchia**, ein Feinschmeckerparadies.

Civitavecchia besticht nicht nur mit der Fortezza Michelangelo, sondern auch mit entzückender Street-Art zwischen den ockerfarbenen Hausfassaden der Stadt.

SANTA MARIA
DELL'ORAZIONE

Sanfte Gelb- und Ockerfarben: Civitavecchia ist im Herzen der Stadt ein mediterranes Juwel. Die Schritte weg vom Hafen in die kleinen Gassen lohnen sich und lassen uns wunderschöne Häuser und alte Mauern entdecken.

Richtig interessant finden Flora und Leo die einige Tage später stattfindende Tapsy Tour durch Barcelona – einen von AIDA speziell für Kinder konzipierten Stadtausflug, der uns in auffällig reduzierter Geschwindigkeit durch das historische Zentrum führt. Hier kann man Drachen an Häuserfassaden oder Kirchen suchen, und wie die Erwachsenen, ganz nebenbei etwas über die Geschichte der Stadt lernen.

→ Tapsy Tour

Maulwurf Tapsy zeigt auf seiner speziell für Familien gestalteten Tour die Stadt.

In La Spezia gönnen wir uns am Vormittag einen Landgang ohne die Kinder. Wir wissen sie gut betreut mit ihren Freund:innen im Kids Club an Bord von AIDAcosma. Wie echte Einheimische genießen wir Frühstück – in der Landessprache sagt man „la prima colazione" – in der Sonne stehend vor einer Bar nahe dem Hafen mit Cornetto und Espresso. „Molto gustoso!" Wir schlendern durch die Stadt, kaufen uns köstliche Feigen und drehen eine Runde über das Gelände des Castello San Giorgio. Es thront auf einem Hügel und eröffnet einen weiten Blick über die Stadt und auf den Hafen, wo majestätisch unser Schiff auf uns wartet, das uns den ganzen Tag weiter im Entspannungsmodus bleiben lässt.

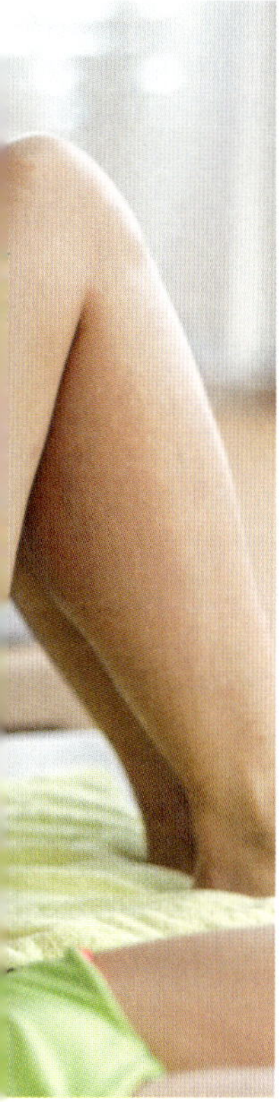

Entspannung mit Urlaubslektüre an Bord: Familie Pollex lässt es sich gut gehen. Ein Glas Wein und italienische Köstlichkeiten genießt man im Ristorante Mamma Mia. Aufregend geht es auf der Tapsy Tour durch Barcelona weiter.

GENIESSEN UND RELAXEN

Thomas verbringt den Nachmittag mit den Kids Karten spielend in unserer Kabine und später im Body & Soul Organic Spa. Die Wellness- und Ruheoase öffnet an einem der Reisetage ihre Türen auch für die kleinen AIDA Seefahrer:innen. Währenddessen gönne ich mir eine Green-Luxury-Rückenmassage mit frischer Aloe vera. Wildrose heißt meine Masseurin, sie stammt – wie viele der AIDA Crew – von den Philippinen. Sie erzählt mir ein bisschen aus ihren beiden Welten: der einen zu Hause in Südostasien und der anderen hier auf dem Meer. Dabei gleiten ihre Hände angenehm und entspannend über meinen Rücken.

→ Teppanyaki
Die japanischen Gerichte werden auf einer Stahlplatte zubereitet.

Meine Familie sehe ich im Spezialitäten-Restaurant Teppanyaki Asia Grill wieder. Leo schaut gebannt zu, wie der Teppanyaki-Meister an unserem Tisch erst mit Eiern, dann mit Messern jongliert und sie um seine Finger wirbeln lässt. Danach wirft er meinem Sohn aus drei Meter Entfernung ein Stück der mit Reis angebratenen Eier in den Mund – er trifft! Und Leo fängt! Wir wählen die Zutaten, die wenig später auf der zischend

IM GESPRÄCH …

… mit den Stimmungsmachern

Tom Ahrendt und Theresa Marie Sehr sind als Head of Entertainment und Head of Guest Commerce an Bord von AIDAcosma verantwortlich für die Unterhaltungsangebote, Shops und Ausflugsprogramme.

Wie sieht euer typischer Arbeitstag aus?
Tom: Der Haken an der Frage ist das Wörtchen „typisch". Das gibt es eher nicht auf einem Schiff, das jeden Tag einen anderen Hafen ansteuert und interessante sowie abwechslungsreiche Programme anbietet. Aber unsere Tage haben Struktur. Dem Vormittag gehören administrative Aufgaben. Die Mittagspause ist uns heilig, denn die Tage sind lang und intensiv. Wir begleiten die Programme und Shows, oft geht es dann bis 22:00 oder 23:00 Uhr.

Wie erstellt ihr das Programm für die Reise, und wie erfahren die Familien davon?
Tom: Wir erhalten vor Reisebeginn Infos darüber, wie viele Kinder welchen Alters an Bord kommen werden, und passen das Programm individuell an. Zum Kennenlernen des Schiffs gibt es eine Familien-Rallye. Wir bieten Kreativzeiten an, viele Bewegungsangebote, die AIDA Clubbie Disko und die Silent Party zum Tanzen. Es gibt TV-Shows, Kinonachmittage und ganz neu: die Virtual-Reality-Welt mit den VR-Brillen. Die kommen gerade richtig gut an. Bei Ankunft erhalten die Familien den Familienkompass für eine erste Orientierung und täglich die Zeitungen AIDA Heute und Kids Heute.

Ist AIDAcosma speziell ein Schiff für Familien?
Theresa: Kinder und Jugendliche sind auf allen Schiffen sehr willkommen. Aber es gibt unterschiedliche Ausstattungen, denn wir haben uns mit jedem neuen Schiff ein Stück mehr auf die Bedürfnisse unserer kleinen Gäste eingestellt. Auf AIDAcosma erstreckt sich auf den Decks 16 und 17 eine Abenteuerwelt mit Wasserrutschen, einem Klettergarten und dem Sportdeck. Im Mini und Kids Club können Kinder betreut werden.

Und was können Teenager an Bord erleben?
Theresa: Für sie gibt es während der Ferienzeiten ein eigenes Programm, das sie in der Teens Heute online im Bordportal einsehen können. Ganz wichtig ist die Chill-out-Area des Wave Clubs, in dem sie unter sich sind. Sie erkunden das Schiff, besuchen das Game Center, die Teens Diskos und gehen zur Silent Party. Mit bekannten Musiker:innen haben unsere Teens schon gesungen, mit Profitänzer:innen getanzt oder vom derzeitigen Wrestling-Weltmeister die basic moves gelernt. Mit den über 12-Jährigen können unsere Teens Gastgeber:innen auch allein von Bord gehen und z. B. das Camp Nou, die Heimspielstätte des FC Barcelona, besuchen. Oder die Jugendlichen unternehmen Touren für Teens wie Kajak- oder Fahrradausflüge mit externen Guides.

Actionreich! Im Game Center finden sich spannende Spiele, die die Kinder begeistern.

heißen Platte direkt an unserem Tisch zubereitet werden. Jakobsmuschel, Hummer, Lamm und dazu frisches Gemüse. Es knistert, dampft, duftet und schmeckt herrlich. In der Dämmerung stromern wir über das Schiff. Wir haben drei Tage gebraucht, um uns auf den 20 Decks zurechtzufinden. Inzwischen kennen wir unsere Lieblingsorte, wissen, wo wir unter Leute kommen oder uns ruhig unterhalten können, wo es den besten Kuchen gibt und wo wir am Abend ausgehen wollen. Jetzt nehmen wir einen Drink auf dem Sonnendeck und genießen den Blick auf das in violettes Licht getauchte Meer. Als könnten sie Musik riechen, zieht es Leo und Flora dann in den Beach Club. Dort bewegen sich Kinder und Erwachsene mit unterschiedlich farbigen Kopfhörern seltsam tanzend und lachend, ohne dass wir etwas hören. Es sieht sehr lustig aus. Wir sind auf einer Silent Party gelandet und tanzen wenig später selbst zu Musik auf verschiedenen DJ-Kanälen, die wir über die Kopfhörer auswählen, und haben jede Menge Spaß.

AIDA WISSEN

HIGHLIGHTS FÜR KIDS

Jedes AIDA Schiff bietet spannende Möglichkeiten, um aktiv zu werden, so z. B. die Doppel-Wasserrutsche und der Klettergarten auf AIDAperla und AIDAprima, das Activity-Deck auf AIDAnova mit dem Abenteuerreich Four Elements und dem Fuego Restaurant gleich nebenan oder der Fun Park auf AIDAcosma mit Boulder-Wand, Indoor-Spielplatz und vielem mehr: Überall ist Action angesagt!

Rasant flitzt das moderne Glasbodenboot über das ruhige Wasser vor Korsikas wilder Küste. Bei einem Stopp hüpfen die Jungs ins kühle Nass.

WILDE GISCHT UND BUNTE FISCHE

Zuverlässig wie jeden Tag auf dieser Sommer-Mittelmeer-Reise scheint die Sonne auch in Ajaccio, der Geburtsstadt Napoleons auf der Insel Korsika. Wir besteigen im Hafen ein Boot, das einem Spaceshuttle verdächtig ähnlich sieht. Dann jagen wir, schnell wie der Wind, auf Kufen über das Wasser, während der Hafen von Ajaccio sich weiter und weiter entfernt. Unsere Haare wehen im Wind, und die Kinder sind im Geschwindigkeitsrausch. Die 16 km zu den Inseln des Sanguinaires-Archipels legen wir in Nullkommanichts zurück und landen in einem Naturparadies. Unzählige Fische tummeln sich unter unserem Glasbodenboot im türkisblauen Wasser, und wenig später ist unsere Familie mittendrin. Wir schnorcheln durch das angenehm warme und seidige Wasser, tauchen den Fischen hinterher und üben lustige Sprünge vom Boot.

Unsere Reise neigt sich langsam ihrem Ende entgegen, unser Start- und Zielhafen Palma ist nicht mehr weit. Wir nehmen Abschied von Napoleons Geburtsort und hören – wie immer beim Auslaufen des Schiffs – die bewegende Meereshymne „Sail Away". Als AIDAcosma Fahrt aufnimmt, sind Leo und Flora schon wieder in ihrem Element und tauchen im Infinity-Pool nach neuen Erlebnissen.

NICHT VERPASSEN

Ajaccio

SANDSTRAND SAINT-FRANÇOIS Nur etwa 10 Gehminuten vom Hafen entfernt, erstreckt sich dieser Strand. Er lädt geradezu dazu ein, das Handtuch auszubreiten und das Meer zu genießen. Hier ist das Wasser besonders flach und für Kinder ideal zum Toben.

MAISON BONAPARTE Das Geburtshaus Napoleons mitten in der Altstadt ist heute ein liebevoll gestaltetes Museum. Die vielen Exponate erinnern an den berühmten Korsen. Noch mehr Wissenswertes über den französischen Kaiser erfährt man auf der **Place d'Austerlitz** mit Napoleon-Denkmal.

SCHILDKRÖTENPARK In der Stadt der Schildkröten geht es gemächlich zu, zumindest bei den Vierbeinern. Auf einer Fläche von 2,5 ha beherbergt der Park **A Cupulatta**, der sich für den Schutz der Panzertiere einsetzt, 170 verschiedene Arten aus aller Welt.

POINTE DE LA PARATA Die Landzunge aus dunklem Granit markiert die nördliche Grenze der Bucht von Ajaccio. Auf ihr thront ein genuesischer Wachturm, der im 16. Jahrhundert als Teil eines Verteidigungsnetzes gegen die Angriffe von Osmanen und Sarazenen errichtet wurde.

TIPP

In der Zitadelle von Ajaccio versteckt sich ein kleines Café, das zu einer Pause nach der Stadterkundung lockt. Flora nutzt die Zeit, um gemütlich unter der Platane zu schaukeln.

An der Place Foch steht ein weiteres prächtiges Denkmal des französischen Eroberers Napoleon Bonaparte aus Marmor.

NICHT VERPASSEN

Barcelona

1| BERG MONTJUÏC Hoch hinauf geht es mit der Seilbahn **Transbordador Aeri del Port**, die mit ihren roten Gondeln vom Hafen aus zum Berg schaukelt. Oben wartet nicht nur ein wundervoller Blick über den Hafen, sondern auch die Aussicht über die Burg Montjuïc mit ihrer einzigartigen Grünanlage im Burggraben.

2| SAGRADA FAMÍLIA Nicht nur von außen ist diese Kathedrale, das Hauptwerk des bekannten Architekten Antoni Gaudí, eine Augenweide. Beim Betrachten des Lichtspiels im Inneren rückt man dem Himmel ein Stückchen näher.

Vom Park Güell hat man einen tollen Blick über die Stadt, und in den zahlreichen Cafés genießt man süße Köstlichkeiten.

La Catedral de la Santa Creu i Santa Eulàlia im Gotischen Viertel ist nach der Sagrada Família die wichtigste Kirche Barcelonas. Ihre Spuren gehen bis ins Jahr 343 n. Chr. zurück.

3| PARK GÜELL Wer es lieber kunterbunt mag, spaziert durch den farbenprächtigsten Ort Barcelonas, der ebenfalls von Gaudí entworfen wurde. Ob fröhlicher Salamander, wie Palmen geformte Säulen oder ein Dach aus zig kleinen Kuppeln – der Park sorgt für viele Entdeckungen.

4| BARRI GÒTIC Das Zentrum der Altstadt – das Gotische Viertel – ist wegen seiner faszinierenden Atmosphäre so beliebt. Im Labyrinth der engen Gassen kann man verzierte Balkone, romantische Laternen und originelle Skulpturen bewundern.

5| CAMP NOU Das größte Fußballstadion Europas und vielleicht eines der stimmungsvollsten der Welt kann auf einem AIDA Ausflug besichtigt werden, der einen auch ins interessante Barça-Museum führt.

TIPP

Im Big Fun Museum und dem Museum of Illusions – nur fünf Gehminuten voneinander entfernt – ist nicht mit angestaubten Exponaten zu rechnen, sondern mit Vergnügen pur. Hier reist man auf der Titanic mit, singt mit den Fans im Camp-Nou-Stadion und montiert sich in einen Spielfilm oder in ein berühmtes Gemälde.

Juwelen des Südens

Malerisch an der Küste liegen diese drei Hafenstädte: Neapel und Catania werden umrahmt von jeweils einem Vulkan und Valletta von einer einzigartigen Stadtmauer.

Originelle Stadtrundfahrt auf dem Motorroller: Hier holpert man entspannt durch die engen Gassen Neapels. Anschließend lässt sich in der mutmaßlichen Erfinderstadt der Pizza eine leckere Napoletana genießen.

Neapel

SÜDITALIENS PERLE Die Stadt erstreckt sich am Fuße des **Vesuvs**. Wer Glück hat, erlebt eine romantische Hafeneinfahrt bei Sonnenauf- oder -untergang. Der Aufstieg zum Vulkan ist ein besonderes Highlight. Zu anspruchsvoll? Man kann auch einfach durch die engen Gassen des **Centro Storico**, der Altstadt, bummeln und die lebensfrohe Stadt genießen.

IN DEN KATAKOMBEN Neapel ist auch im Untergrund eine italienische Schönheit. Durch den Abbau des vulkanischen Tuffsteins entstand eine Stadt unter der Stadt. Einiges davon kann besichtigt werden, z. B. die **Katakomben des San Gennaro**.

IM SCHATTEN DES VESUVS Klar, **Pompeji**, die Stadt, die unter der Asche des Vulkans verschwand, ist das berühmtere Ziel. Aber **Herculaneum** erlitt ebenfalls dieses Schicksal. In der einst sehr reichen Ruinenstadt lassen sich wundervolle Wandmosaike entdecken und die Bibliothek von Caesars Schwiegervater bestaunen, deren Schriftrollen sogar noch lesbar sind!

Der höchste aktive Vulkan Europas, der Ätna, spuckt gelegentlich Rauch und Asche. Hier erhebt er sich hinter einem der prächtigen Strände Siziliens.

Catania

STADT DER MELODIE Der Opernkomponist Vincenzo Bellini schenkte seinem Geburtsort die Musik, die überall in der sizilianischen Hafenstadt erklingt. Im **Teatro Massimo Bellini** leben seine Werke weiter. Das auch architektonisch interessante Gebäude kann im Rahmen einer Führung besichtigt werden.

SHOPPINGERLEBNIS Die schnurgerade **Via Etnea**, eine Hauptstraße Catanias, lädt zum Bummel durch die Modegeschäfte ein (Montag Ruhetag), oder man genießt in der „Pasticceria Savia" einen Kaffee zu einer der süßen Köstlichkeiten.

MIT DEM E-BIKE ZUM ÄTNA Auf zwei Rädern geht es sportlich durch den Ragabo-Kiefernwald und durch von Lavastaub durchzogene Täler in Richtung des aktiven Vulkans. Auch Wanderungen oder Geländewagentouren dorthin werden angeboten.

Valletta

DIE KLEINSTE HAUPTSTADT EUROPAS Sie hat nur 6000 Einwohner:innen und lässt sich leicht zu Fuß erschließen. Ein Highlight sind die gut erhaltenen **Stadtmauern** aus gelblichem Sandstein, die hinter dem gigantischen **Tritonenbrunnen** mit Blick auf das **Stadttor** emporragen.

MALTAS PRACHTVOLLSTE KIRCHE Die beeindruckende **St. John's Co-Cathedral** in Valletta besticht mit ihren goldenen Wänden, den schmuckvollen Deckenfresken und den außergewöhnlichen Wandteppichen.

GRÜNE OASE Nach einem kurzen, aber steilen Aufstieg von der Altstadt aus (oder entspannt mit dem Aufzug) erreicht man die **Upper Barrakka Gardens** am höchsten Punkt der Stadtbefestigung. Hier bietet sich ein ausgezeichneter Blick über Valletta.

Wunderschön sind die Lower Barrakka Gardens, ein blühendes Blumenparadies.

Romantische Küsten

Kroatien beeindruckt mit gleich zwei prachtvollen und historischen Städten, und auch in Montenegros Kotor begibt man sich in den kleinen Gassen auf geschichtliche Spurensuche.

Dubrovnik

In Dubrovnik wandelt man auf den Spuren von „Game of Thrones", dessen einzigartige Kulisse inzwischen Tourismusmagnet ist.

MITTELALTERLICHE STADT Spätestens seit dem Dreh der Serie „Game of Thrones" erlangte die Stadt weltweite Bekanntheit. Die **Altstadt** ist UNESCO-Welterbe, sie besitzt das besterhaltene mittelalterliche Befestigungssystem in Europa. In der Innenstadt beherbergt der prachtvolle, im gotischen Stil errichtete **Rektorenpalast** ein sehenswertes Museum.

DIREKT AN DER STADTMAUER Hier liegt der **alte Hafen**, der die tiefblaue Adria mit der Altstadt verbindet. Geprägt von alten Verteidigungsanlagen, überblickt man hier das Meer. Eine der besten Aussichten hat man wohl vom „Restaurant 360".

KLEINER GEHEIMTIPP Das **Love Stories Museum** sammelt und zeigt besondere Liebesgeschichten. Der Fokus liegt dabei auf den lokalen Erzählungen und Mythen, die dramatische, aber auch wunderschöne Lovestorys hervorbrachten.

Umgeben von einer spektakulären Stadtmauer, erhebt sich Dubrovnik an der kroatischen Küste.

Zadar

STADT MIT GESCHICHTE Einträchtig nebeneinander stehen die **Rundkirche St. Donat** und die **Kathedrale der Hl. Anastasia**. Spaziert man weiter durch die schmucke **Altstadt**, fallen die geraden Straßenzüge auf, die bereits die Römer bauten.

MUSIK DES MEERES Erst sanft und dann ganz laut, wenn ein Schiff vorbeifährt, erklingt die Melodie der **Meeresorgel**. Eine mit Plastikrohren als Orgelpfeifen ausgestattete Marmortreppe produziert mithilfe der Wellenbewegungen Töne. Daneben erhebt sich die Installation **Gruß an die Sonne**, die ein Modell des Sonnensystems zeigt und vor allem bei Sonnenuntergang Besucher:innen mit einem tollen Lichtspiel begeistert.

LIKÖRGENUSS Zadar verdankt dem Maraschino viel: Der Hersteller des nach der Maraska-Kirsche benannten Getränks schaffte es, die Stadt durch den Handel mit eben diesem zu Ruhm und Wohlstand zu führen. Unbedingt probieren!

Kotor

In Zadar ertönt der Klang der Meeresorgel (oben), und in Kotor lieben die Einheimischen ihre Straßenkatzen.

VERWINKELTE GASSEN Das malerisch gelegene Kotor zählt mit dem zentralen **Hauptplatz Trg Ustanka Mornara** sowie der **Sankt-Tryphon-Kathedrale** zum UNESCO-Welterbe, in dessen Straßen man sich schnell verlaufen kann.

SEEFAHRERSTÄDTCHEN Das pittoreske **Perast** ist nur etwa 1000 m lang, aber eine der schönsten Küstenstädte Europas und befindet sich nur etwa 12 km von Kotor entfernt. Mit ihren barocken Kirchen und anmutigen Palästen war die Stadt einst ein mächtiges maritimes Zentrum.

DER SÜDLICHSTE FJORD EUROPAS Die Bucht von Kotor reicht 28 km ins Inland von Montenegro hinein und lässt sich am besten auf dem Wasser erkunden. Vom Hafen aus kann man Bootstouren unternehmen, auch zur eindrucksvollen **Blauen Grotte**.

Das Licht der Ägäis

Thira und Kuşadası erstrahlen an der wärmsten Ecke des Mittelmeeres in einem wundervollen Glanz, und Korfu wächst zum begehrten Sehnsuchtsort am Ionischen Meer.

Die blauen Dächer bilden – mit Meerblick im Hintergrund – ein beliebtes Postkartenmotiv.
Die Fußgängerzone von Korfu-Stadt lädt zum Bummeln ein.

Korfu-Stadt

GRIECHISCHE LUFT Schon in alter Zeit fuhren Erholungssuchende mit dem Schiff zu der bezaubernden Insel. Nach dem Anlegen am Hafen von Korfu-Stadt flaniert man heute an der **Hafenpromenade**, die von der **Neuen Festung** überragt wird. Danach wagt man sich ins Labyrinth der verwinkelten Gassen mit prächtigen Palazzi und kunstvollen schmiedeeisernen Balkonen.

MAJESTÄTISCH Die Insel fand Kaiserin Sisi so beeindruckend, dass sie sich etwa 7 km von der Inselhauptstadt entfernt eine eigene Villa, das **Achilleion**, erbauen ließ. Das prachtvolle Haus mit herrlichem Park zieht heute noch zahlreiche Besucher:innen an.

WOHLDUFTEND In der 1850 gegründeten **Seifenmanufaktur Patoúnis** beim San-Rocco-Platz in Korfu-Stadt werden noch immer hochwertige Naturseifen aus Oliven hergestellt. Die kostenlose Führung lohnt sich.

Thira

WEISSE HÄUSER MIT BLAUEN DÄCHERN Sie machen die Insel Santorin so sehenswert. Mit etwas Glück erblickt man auch die Häuser des traumhaften Nachbarorts **Oia** schon bei der Einfahrt in den Hafen. Fantastische Ausblicke auf den vom Meer gefluteten **Vulkankrater** bietet zudem eine Fahrt mit dem Katamaran.

DEM MYTHOS AUF DER SPUR Im **Lost Atlantis Experience Museum** in Thira geht man der versunkenen Stadt interaktiv auf die Spur. Die innovative Technologie beeindruckt und ermöglicht tiefe Einblicke in Mythologie und Geschichte.

GRIECHISCHER WEIN Santorin ist das älteste Weinanbaugebiet des Landes, das aufgrund des besonderen Klimas und der fruchtbaren vulkanischen Böden weiterhin floriert. Wie wäre es also mit einer **Weinverkostung** auf dem Weingut Santo Wines direkt oberhalb der Anlegestelle?

Kuşadası

BURG EROBERN Kuşadasıs Wahrzeichen liegt vor dem Hafen der Stadt: Die **Taubeninsel** mit ihrer Burg ist über eine Brücke erreichbar und lockt zur Erkundung. Daneben ist die Stadt ein beliebter Badeort mit vielen entzückenden **Stränden**.

SIEBEN WELTWUNDER In der Antike war **Ephesos** an der türkischen Ägäisküste ein bedeutendes Handelszentrum und eine blühende Metropole. Wer heute die beeindruckenden Ruinen der Stadt bestaunt, erahnt die vergangene Pracht des heutigen UNESCO-Weltkulturerbes. Der Tempel der Artemis ist eines der sieben Weltwunder der Antike.

Der Tempel der Artemis wurde 356 v. Chr. von Herostratos gebrandschatzt, der dadurch zu seiner gewollten Berühmtheit gelangte.

TURBULENTES TREIBEN In einer schmalen Gasse am Ende des Yachthafens entdeckt man den **Grand Bazaar** von Kuşadası. An dieser beliebten Einkaufsstraße nascht man sich durch türkische Süßigkeiten, ergattert tolle Souvenirs und übt nebenbei das Feilschen.

Paradiesische Karibik

Eingerahmt zwischen den karibischen Inseln und dem amerikanischen Kontinent, erstreckt sich das wunderbare Blau des Meeres. An Traumstränden unter Palmen ist man im Urlaubsparadies angekommen.

Cozumel
Samaná
La Romana
Jamaika
Aruba
Puerto
Limón
Cartagena
Colón

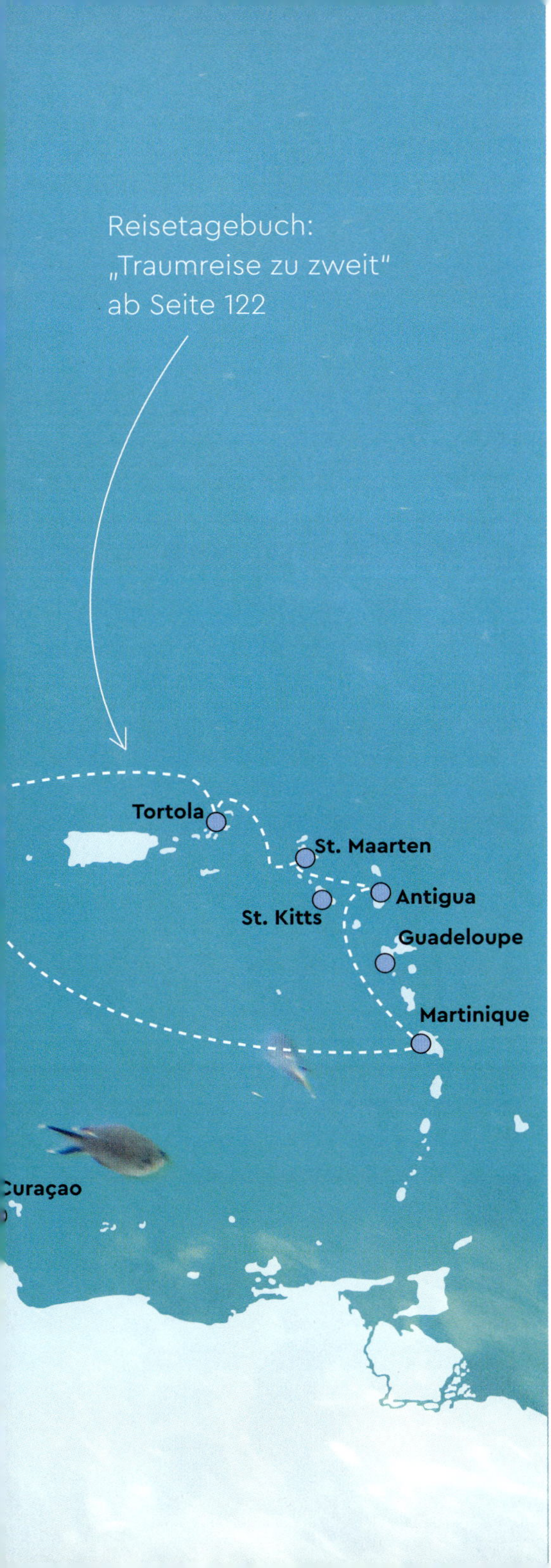

Karibik *Häfen*

HÄFEN DER REISEROUTE

WEITERE SPANNENDE AIDA HÄFEN

Auf zu unseren Trauminseln!

Gemeinsam brechen Isabell und Mike auf zu wundervollen Stränden, einzigartigen Unterwasserwelten und spannenden Urwäldern. Sie spüren die karibische Lebensfreude, die man dort an jeder Ecke erleben kann.

Aufregung, Freude und Reiselust steigen in mir hoch, als mein Mann Mike und ich zusammen im Flieger nach La Romana sitzen und uns die Abenteuer ausmalen, die wir in den nächsten 14 Tagen erleben werden. Mit einem Kreuzfahrtschiff über das Meer fahren und beinahe jeden Tag neue Orte und Länder zu entdecken – für uns wird das eine völlig neue Erfahrung sein. Und als wir dann im Hafen vor unserem Schiff AIDAluna stehen, spüre ich direkt, dass wir in eine ganz andere Welt eintauchen werden. Kaum an Bord, ist es wie ein Sog, der uns mitreißt. Überall begegnen wir glücklichen Urlauber:innen, deren Herzen alle für eine gemeinsame Sache schlagen: AIDA. Es ist wie eine eigene, ganz besondere Art von Familie, wie wir schnell mit Begeisterung feststellen.

→ Helikopterflug

Trauminseln aus der Vogelperspektive: erlebbar auf einem unvergesslichen AIDA Ausflug.

DIE KARIBIK VON OBEN

Einmal die weißen Strände und das klare Wasser von oben betrachten? Diese Möglichkeit bietet uns der Helikopterflug über Antigua – ein absolut magischer Moment. Aus dem Staunen komme ich gar nicht mehr heraus: Das türkis glitzernde Wasser von Antigua ist ein wahres Paradies! Unser Schiff, das sanft in den Wellen des Hafens schaukelt und auf uns wartet, zeigt uns eine neue Sicht auf sich selbst. „Manchmal entdecken wir sogar Wale und Schildkröten aus der Luft!", berichtet unser Pilot, und ich beschließe, dass dies nicht der letzte Besuch auf der Insel ist.

Anschließend geht es weiter zum nächsten Highlight, einer Begegnung mit Rochen. Erst bin ich etwas skeptisch: „Ob das wirklich etwas für mich ist?" Doch ich werde positiv

Panoramablicke: Aus dem Helikopter bewundern Isabell und Mike die grüne Inselwelt von Antigua.

In den Straßen von Cartagena entdecken die beiden einzigartige Street-Art und genießen die Abendstimmungen an Bord.

NICHT VERPASSEN La Romana

STADTBUMMEL La Romana lässt das Shoppingherz höherschlagen: Hier schauen Besucher:innen den Frauen in der **Cornelio Cigars Factory** beim Zigarrenrollen zu und naschen im **Choco-Punto** ein bisschen Schokolade. Am Ende kauft man in einem der vielen kleinen Souvenirläden eine Tonfigur einer Taíno-Gottheit, die böse Geister verjagen und Glück bringen soll.

ALTOS DE CHAVÓN Schlendert man durch die Straßen des Künstlerdorfs, lässt es sich in einen geradezu mystischen Ort aus scheinbar uraltem Mauerwerk eintauchen. Altos de Chavón ist ein Nachbau eines mediterranen Dorfs im Stil des 16. Jahrhunderts aus Korallenstein und Terrakottablöcken.

ISLA CATALINA Die Insel mit ihren weißen Stränden, glasklarem Wasser und grünen Palmen ist ein Traum für alle Badefans, aber auch ein Schnorcheleldorado. Von La Romana führen täglich viele Boots- oder Katamarantouren zum kleinen Paradies.

In der Bäckerei „Crema Pastelería" kann man neben Kaffeeköstlichkeiten auch leckere Torten und Kuchen genießen.

TIPP

Sich in der Musik wiegen: Fast an jeder Straßenecke in der Dominikanischen Republik klingt aus Lautsprechern Musik, meist Bachata oder Merengue. Einfach kurz innehalten und lauschen. Manchmal gibt es spontane Tanzeinlagen – warum also nicht mal selbst das Tanzbein schwingen?

Zeitreise: Auf einer Anhöhe wurde Altos de Chavón nach Plänen eines Dorfs aus dem 16. Jahrhundert erbaut.

Ein besonderes Erlebnis: Beim Schnorcheln begegnet Isabell einer Meeresschildkröte. Isabell liebt Yoga, dabei findet sie ihre innere Ruhe.

überrascht. Die Rochen sind überall im Wasser und bahnen sich ihren Weg durch die Schnorchler:innen. Wer möchte, kann sie auch füttern. Und ich muss mir eingestehen, dass es schon ein verrücktes Gefühl ist, wenn einem ein Rochen den Tintenfisch aus der Hand schnappt! Absolut unvergesslich.

Auch auf Martinique empfängt uns eine herrliche Unterwasserwelt. Direkt vom Steg aus geht es mit einem kleinen Boot los zu einem neuen Schnorchelabenteuer. Wir entdecken eine Meeresschildkröte, die ganz entspannt an uns vorbei durch das glasklare Wasser gleitet – eine Königin der Karibik. In diesem Moment wird mir bewusst, was die Unterwasserwelt für eine einzigartige Schönheit bereithält und welche Ruhe mich jedes Mal durchströmt, wenn ich die Möglichkeiten erhalte, sie zu erleben.

→ AIDA Sportangebot

An Bord können Fitnessfans an bis zu 30 Kursen pro Woche teilnehmen.

WELLNESS MIT MEERBLICK

Mike und ich sind zwei Sportvernarrte, die sich auf AIDAluna richtig austoben können. Ob im Sportbereich, an den Kraftgeräten oder im Yoga-Kurs – das Angebot ist riesig und vielfältig. Mit einem Trainer am TRX probieren wir mal was Neues aus. TRX steht für Total Resistance Exercises und ist eine Art Schlingentraining, bei dem man in zwei Seilen mit Schlaufen hängt. Dabei werden Muskeln beansprucht, die sonst nicht so oft zum Einsatz kommen. Am nächsten Tag werden wir mit einem herrlichen Muskelkater belohnt.

Umso mehr lohnt sich unser Besuch der Wellness Suite. Die Massagen sind unglaublich wohltuend und genau nach unserem Geschmack. Glücklich, zufrieden und entspannt stoßen wir mit einem Glas Sekt auf den gelungen Tag an, genießen die private Sauna, den Whirlpool und den Ruhebereich mit herrlicher Sicht auf das Wasser.

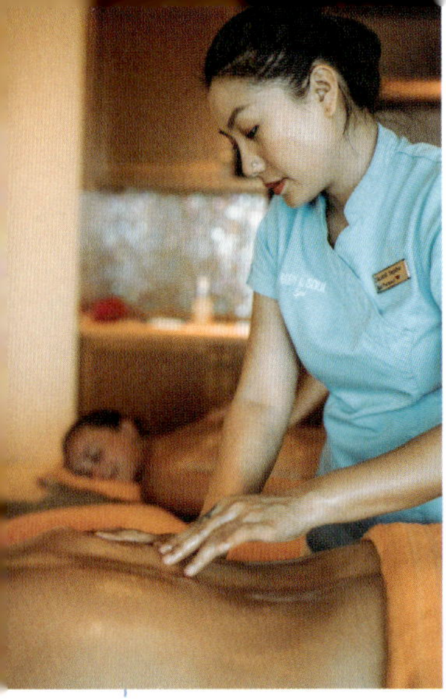

AIDA WISSEN

WOHLFÜHLPROGRAMM IM BODY & SOUL SPA

An Bord von AIDA wartet auf die Gäste Entspannung pur. Erholungsuchende können aus vielen verschiedenen Massageritualen und Anwendungen wählen oder eine der Saunen besuchen. Ein ganz persönliches Wellnessparadies findet man in der privaten Wellness Suite, ausgestattet unter anderem mit einem Whirlpool für zwei und einer Sauna mit Meerblick. Verschiedene Spa-Pakete bieten ein besonderes Erlebnis, wie beispielsweise das Romantic-Special: Es beinhaltet wundervolle Verwöhnmomente zu zweit mit wohltuender Rücken- und Körpermassage.

MIT DEM QUAD ÜBER ST. MAARTEN

Ein Flugzeug fliegt ganz tief über uns hinweg: Wir sind am berühmten Maho Beach auf St. Maarten und erleben die faszinierende Landung. Zunächst überqueren wir aber die Insel mit einem Quad, um zum Strand zu kommen – ein rasantes Erlebnis! Der Maho Beach selbst ist ein Muss auf St. Maarten. Hier kommen viele Urlauber:innen hin, um auf die Flugzeuge zu warten, die direkt hinter dem Strand landen. Mich persönlich interessieren die Maschinen weniger, denn vielmehr reizen mich das herrliche Wasser und die Atmosphäre am Strand. Aus Musikboxen wummern heiße Rhythmen, und wir schlürfen kalte Limonade unter einem der Sonnenschirme.

Nach unserem Ausflug wieder zurück in Philipsburg, schlendern wir zum nahe gelegenen Great Bay Beach, wo wir die „Dutch Blonde Beach Bar" entdecken. Es hat die Form einer Windmühle! Die Terrasse oben bietet eine wunderbare Sicht auf das blau funkelnde Wasser und unsere AIDAluna. Barkeeper Jasper verabschiedet uns mit einem leckeren Signature-Shot in den Farben der Flagge von St. Maarten. Auf Wiedersehen, wunderbare Insel!

→ Seite 132

Zum Wohl: Isabell und Mike stoßen in der „Dutch Blonde Beach Bar" mit Jasper auf den gelungenen Tag an.

NICHT VERPASSEN

Fort-de-France

PLAGE DE LA FRANÇAISE Angekommen auf Martinique, breitet man direkt am Hafenstrand die Badetücher aus oder flaniert durch Fort-de-France. Alternativ geht es nach 45-minütiger Autofahrt zu den Stränden **Anse Dufour** und **Anse Noire**. Der sehr überschaubare Ort **L'Anse Dufour** lädt dazu ein, in den zwei geschützten Buchten mit weißem oder schwarzem Sand zu baden.

ROCHER DU DIAMANT Das perfekte Blau und das kristallklare Wasser des Karibikmeeres zieht Taucher:innen geradezu magisch an. Vor Martinique liegt der **Rocher du Diamant**, von dem nur die Spitze herausragt. Spektakulär dehnt sich der Felsbrocken unter Wasser aus. Er bietet in seinen unzähligen Höhlen und Fächerkorallen viel Lebensraum für tropische Fische sowie Meeresschildkröten. Über AIDA können z. B. Tauchgänge und Schnorchelerlebnisse gebucht werden.

JARDIN DE BALATA Im liebevoll gepflegten botanischen Garten, etwa 10 km außerhalb von Fort-de-France, flattern flinke Kolibris von einer bunten Blüte zur nächsten. Das Blumenparadies, in dem sich die blühende karibische Flora bewundern lässt, ist ein Muss für alle Hobbygärtner:innen und Blumenliebhaber:innen.

TIPP

Eine der besten Rumsorten gibt es in der „Habitation Clément". In der einstigen Destillerie befindet sich heute ein Museum zur Herstellung des Branntweins, eine schöne Skulpturenparkanlage sowie eine sehenswerte Kunstausstellung. Der Rum wird in der neuen Destillerie in der Nähe gebrannt.

Nach der anspruchsvollen Nahrungssuche gönnt sich ein Kolibri in einem der Bäume des Jardin de Balata eine Pause.

Die „Stoutt's Lookout Bar“ auf Tortola verspricht nicht zu viel! Von hier hat man einen spektakulären Blick über die Cane Garden Bay. Auf dem Windy Hill gelegen, wurde sie dort 2013 von Lokalpersönlichkeit Prince Stoutt eröffnet. Die leckeren Fruchtsmoothies bestehen aus selbst angebautem Obst – vielleicht schmecken sie genau deswegen so fabelhaft! Wegen der besonderen Spezialität, der gegrillten Mahi Mahi (Gemeine Goldmakrele), lohnt sich ein Besuch ebenfalls.

Die sanften Hügel erheben sich über Road Town und malen ein kunstvolles Bild in die Landschaft.

NICHT VERPASSEN
St. John's

Direkt am Kreuzfahrthafen von St. John's begrüßen farbenfrohe Häuser die Gäste.

HERITAGE QUAY Farbenfroh leuchtet St. John's auf Antigua. Die bunten Holzhäuser verleihen der Stadt ihr karibisches Flair. Nach einem kurzen Spaziergang durch die Hafenstadt erreicht man schnell Heritage Quay. Die Einkaufsstraßen des Viertels bieten günstige Preise und tolle Shoppingmöglichkeiten.

GEMÜTLICHER STRANDTAG Wunderbar sonnenbaden lässt es sich am **Dickenson Bay Beach**, einem der schönsten Strände auf Antigua. Etwa 15 Fahrtminuten vom Hafen von St. John's entfernt, erstreckt sich der weiße Sandstrand mit azurblauem Wasser, der zudem allerlei Wasseraktivitäten bietet: Windsurfen, Schnorcheln, Tauchen, Jetskifahren und vieles mehr.

NELSON'S DOCKYARD NATIONALPARK Antiguas UNESCO-Welterbe liegt in der faszinierenden Natur des Nationalparks, der sich auf knapp 15 ha entlang der Südküste der Insel erstreckt. Zwischen kleinen kugeligen Kakteen lässt es sich mit spektakulären Aussichten bestens wandern. Ein guter Ausgangspunkt für Ausflüge ist **Nelson's Dockyard**, wo Besucher:innen das gleichnamige Museum zur Seefahrtsgeschichte anschauen können.

NICHT VERPASSEN
Road Town

TIPP

Tortola war einst ein gefährliches Pflaster, da dort Piraten wie Joost van Dyke und Blackbeard ihr Unwesen trieben. Deren Legenden boten Robert Louis Stevenson reichlich Stoff für seinen Abenteuerroman „Die Schatzinsel".

STADTSPAZIERGANG Vom Hafen geht es vorbei an Marktständen mit Kleidung sowie netten Mitbringseln und zu den **J.R. O'Neal Botanic Gardens**. Weiter in Richtung Südwesten kommt man zur **St. William's Church** und zum ehemaligen britischen Konsulat, dem **Old Government House Museum**, dessen wunderbare Räumlichkeiten besichtigt werden können.

MOUNT SAGE Der höchste Berg der Britischen Jungferninseln, Mount Sage, erhebt sich 543 m über **Tortola** und ist bekannt für seinen außergewöhnlichen Regenwald. Der gleichnamige **Nationalpark** ist ideal zum Wandern.

AKTIVURLAUB In der **Cane Garden Bay** ist für alle etwas dabei – ob Kajak fahren, windsurfen, schnorcheln oder nur in Ruhe im türkisfarbenen Meer schwimmen. Sobald die Sonne untergeht, verwandelt sich der Strand in eine tolle Kulisse für Live-Musik, die aus den Bars erklingt.

NICHT VERPASSEN
Philipsburg

KÜSTEN-KAJAKTOUR Das Meer um St. Maarten ist glasklar und gewährt tiefe Einblicke. Vom Kajak aus sieht man Papageien- sowie Trompetenfische und gleitet sanft unter schattigen Mangrovenbäumen hindurch. Touren starten ab Simpson Bay mit örtlichen Anbietern oder können auf myAIDA reserviert werden.

Erkennbar an den wunderbar bemalten Flaschen und dem traditionellen bunten Stoff am Flaschenhals: der Rum von „Rhum Ma Doudou".

PIRATE EXPERIENCE @ THE RUSTY PARROT Ahoi, Pirat:innen! Um die Freibeuter:innen der Karibik ranken sich viele Mythen. Spannend aufbereitet hat diese das Piratenschiff in Philipsburg. Hier schlüpfen Klein und Groß in die Rolle der sagenumwobenen Seeräuber:innen und erleben aufregende Abenteuer.

FLÜSSIGES GOLD Handbemalte Flaschen mit farbiger Handschrift verweisen auf eine Köstlichkeit: Der Rum wird in der kleinen Destillerie „Rhum Ma Doudou" in Cul de Sac hergestellt. Die Flaschen sind fast überall auf der Insel erhältlich.

Im Nationalpark Los Haitises erkundet Mike eine der Strandhöhlen. Auch der Traumstrand von Cayo Levantado im Golf von Samaná ist ein Besuch wert.

WIR SIND IM PARADIES!

Was uns auf der Reise am meisten beeindruckt? Die fabelhaften Strände in der Karibik! Besonders der wunderschöne White Bay auf der kleinen Insel Jost Van Dyke bei Tortola verzaubert uns. Unter den Palmen – mit Blick auf das glasklare Karibische Meer und weißem Sand unter den Füßen – schlagen unsere Herzen höher. Hier haben wir einen weiteren unserer Sehnsuchtsorte gefunden. In diesem Paradies darf eine frische Kokosnuss nicht fehlen oder auch der berühmte karibische Cocktail namens „Painkiller". Das ist eine Mischung aus Orangen- und Ananassaft mit Rum und Kokosnusscreme, getoppt mit ein bisschen geriebener Muskatnuss. Yummy!

Natürlich haben wir unsere Brillen zum Tauchen dabei, und ich kann einer meiner Lieblingsbeschäftigungen nachgehen: schnorchelnd die Unterwasserwelt erkunden. Auch hier kreuzt wieder eine Schildkröte meinen Weg. Seelenruhig gleitet sie durchs Wasser und lässt sich keineswegs von mir stören. Wieder einmal vergeht die Zeit leider viel zu schnell. Deshalb nehmen wir uns vor: Wir kommen wieder!

Konkurrenz macht dieser Oase der Strand Negril auf Jamaika. Er wird auch Seven Mile Beach genannt und lockt uns zu einem romantischen Strandspaziergang. Jamaika erfüllt jedes Klischee, das wir im Kopf hatten: von Männern mit Rastalocken und kunterbunten

Mützen bis hin zu „Ya man, love and respect", was uns jeder entgegenruft – supersympathisch! Hier können wir die Seele baumeln lassen und das tolle Wetter genießen.

WETTERGLÜCK UNTER MANGROVEN

Samaná ist wie heimkommen. Mike und ich haben bereits viele Winkel der Welt bereist, und das mit großer Leidenschaft. Vor drei Jahren waren wir schon einmal Gäste auf dieser Halbinsel der Dominikanischen Republik, und wir buchen kurzerhand die gleiche Tour wie damals. Mit unserem Schiff legen wir nicht direkt an einem Pier an, sondern liegen auf Reede. An Land geht es mit Tenderbooten, und Bootstouren starten direkt vom Schiff aus. Bei unserem ersten Besuch überraschte uns ein starker Regenschauer, und wir hatten nicht ganz so viel Spaß an unserem Ausflug. Diesmal lacht uns die Sonne vom strahlend blauen Himmel entgegen. Wir schippern also mit großer Freude durch die Mangroven des Nationalparks Los Haitises und entdecken immer wieder bunte Farbtupfer in den Bäumen – die unterschiedlichsten Vögel hüpfen fröhlich von Ast zu Ast. Weiter gehtes zu den vielen Grotten, wo wir präkolumbianische Felszeichnungen bewundern und sogar Fledermäuse erspähen!

AIDA WISSEN
GOURMET-RESTAURANT ROSSINI

Die gehobene Küche des eleganten À-la-carte-Restaurants wird von ausgezeichneten Spitzenköch:innen aus frischen Zutaten zubereitet. Gegen Aufpreis kann man hier kreative, raffinierte Menüzusammenstellungen genießen und dazu vorzügliche Weine trinken, die aus den besten Anbaugebieten der Welt stammen. Ein unvergessliches Erlebnis!

Schwimmsachen nicht vergessen! Im Becken des Salto El Limón lässt es sich hervorragend baden.

TIPP

Wer frische Meeresfrüchte genießen möchte, ist im „La Hacienda Grill & Bar" unweit des Hafens von Samaná genau richtig. Wie wäre es mit Gambas in Knoblauchsoße? Mmh!

NICHT VERPASSEN
Samaná

SALTO EL LIMÓN Er ist einer der höchsten Wasserfälle der Karibik (18 km von Samaná entfernt), stürzt sich 40 m in die Tiefe und fasziniert mit seinem sanften Wasserspiel. Auch die sechs verschiedenen Wanderwege, die zum Wasserfall führen, beeindrucken mit toller Natur. Eine Tour zum Salto El Limón kann mit AIDA gebucht werden.

ZIPLINE-FAHRT Einen Adrenalinkick holen sich kleine und große Abenteurer:innen bei einer rasanten Fahrt mit einer Zipline durch Samanás Regenwald etwa 10 km nördlich von Samaná. Fast wie Tarzan schwingt man sich in über 100 m Höhe durch die grüne Natur.

STRANDATMOSPHÄRE Der Küstenabschnitt bei der Stadt **Las Terrenas** ist bekannt für seine karibischen, weißen Strände mit meterhohen Kokospalmen. Hier kann man den Alltag vergessen und die Seele baumeln lassen. Die Einheimischen starten und beenden ihren Tag übrigens mit einem Espresso.

Im Casino an Bord haben Isabell und Mike sichtlich Spaß!

Anschließend sitzen wir gemütlich auf der Insel Cayo Levantado und stoßen mit Piña colada – serviert in einer frischen Ananas – auf die Sonne, das Meer und unsere Reise an. Den Rum dürfen wir selbst hinzufügen, ganz nach unserem Gutdünken. Berühmt wurde diese Trauminsel durch den Werbespot von Bacardi aus dem Jahr 1970. Cayo Levantado entwickelte sich schnell zum Urlaubsparadies für Tourist:innen aus der ganzen Welt.

MIKE SCHWEBT AUF DER KULINARISCHEN WOLKE SIEBEN

Vom guten Essen auf AIDA Schiffen hatten uns Freund:innen bereits vorgeschwärmt. Unsere hohen Erwartungen werden aber nochmals übertroffen: Im Rossini ist das 6-Gang-Menü ein Genuss, hier steckt eine unglaubliche Geschmacksvielfalt in den Gerichten. Und unsere eigenen Favoriten? Mike schwebt im Buffalo Steak House im siebten Himmel – dort gibt es neben der unglaublichen Auswahl an Steaks auch eine tolle Vielfalt an Craftbeers. Unbedingt probieren! Und ich? Ich verliebe mich in das Sushi. Bei einem Workshop lernen wir sogar, wie man die Köstlichkeit richtig rollt. Sehr cool!

→ AIDA Casino

Las-Vegas-Luft schnuppern die Gäste an den über 40 Spielautomaten des Casinos an Bord.

UNTERHALTUNG PUR

Wie man meinen Mann glücklich machen kann? Man setzt ihn an einen Casinotisch und lässt ihn sein Glück versuchen. Die Tische im AIDA Casino sind abends sehr gut besucht, und es herrscht eine lockere, entspannte Atmosphäre.

Mich begeistern die abendlichen Shows auf der AIDA Bühne. Mit den verrückten Outfits und den großartigen Tanzeinlagen reißt mich die Show „Rock the Concert" komplett mit. Anette, die Entertainment Managerin, nimmt uns kurzerhand mit hinter die Bühne und zeigt uns, wie viel Arbeit und Einsatzbereitschaft in jeder einzelnen Show stecken – einfach wunderbar! Noch in der Kabine summe ich Cliff Richards Hit „Born to Rock 'n' Roll".

→ Seite 138

Dschungel-Feeling? In Jamaikas Wäldern wird das Wirklichkeit.

NICHT VERPASSEN

Montego Bay

1| HIP STRIP In der Einkaufsstraße lässt es sich super shoppen und gleichzeitig die jamaikanische Kultur erleben. Wie wäre es mit einem Red-Stripe-Bier oder einem „Life's a Beach"-T-Shirt? Tolles Kunsthandwerk aus Holz oder Muscheln gibt es hier auch. Die eifrigen Verkäufer:innen erzählen gern etwas über die Traditionen und Herstellung der Produkte.

2| JUICI PATTIES Die Nationalfrucht Jamaikas heißt Ackee. Sie wird allerdings nicht roh gegessen, sondern vor allem in Fischgerichten gedünstet und ist besonders beliebt als Ackee mit Saltfish zum Frühstück. Probieren kann man die Spezialität to go bei „Juici Patties" im Norden von Montego Bay.

TIPP

Fühl den Rhythmus! Auf Jamaika wird zu jedem Anlass die Hüfte geschwungen – beispielsweise abends in den lokalen Clubs oder auch im Gottesdienst, etwa in der **St James Parish Church**, mitten in Montego Bay.

3| MARGARITAVILLE CARIBBEAN Der Aquapark hat mehrere Standorte auf Jamaika und bietet Wasserspaß, klassisches US-amerikanisches Essen, eiskalte Drinks und eine ausgelassen entspannte Urlaubsatmosphäre.

4| DOCTOR'S CAVE BEACH Das Wasser an diesem Strand soll eine heilende Wirkung haben. Zumindest beschrieb der englische Osteopath Herbert Baker das in einem medizinischen Artikel in den 1920ern. Nach dem Baden fühlte er sich wie neugeboren und hatte keine Beschwerden mehr. Auch wenn man keine körperliche Heilung findet – Entspannung für die Seele ist hier unter den Palmen auf jeden Fall gewiss.

5| CHUKKA GOOD HOPE ADVENTURE PARK AND FALLS Im Schlauchboot über den Martha Brae River raften, mit der Zipline durch den Park flitzen oder Wellensittiche auf der Hand halten: Der Naturerlebnispark bietet Aktivitäten für alle Altersgruppen.

Auf dem Hip Strip können Besucher:innen zuschauen, wie tolle Handwerkskunst entsteht. Nur die reifen Samenmäntel der Ackee sind genießbar und haben einen nussigen Geschmack.

Die Skyline von Panama City ist ein Hingucker!
Den Abend genießt das Paar in der Anytime Bar!

ZU FRÜH IN COSTA RICA

„Morgen werden die Uhren nicht umgestellt", hallt es durch die Lautsprecher an Bord, denn in Costa Rica liegt die Zeitzone eine Stunde zurück, aber die Bordzeit bleibt. „Alles klar", denken wir und stehen dennoch am nächsten Morgen ziemlich einsam vor den Reisebussen. Dass die Ausflüge nach Costa-Rica-Zeit beginnen, hatten wohl alle anderen an Bord mitbekommen, außer wir. Huppsi! Eine Cappuccino-Länge später geht es dann los in den einzigartigen Regenwald, wo wir nicht nur Faultiere und handgroße Spinnen sichten, sondern auch eine kleine Schlange im Dickicht. Unser Highlight ist die anschließende Fahrt mit der offenen Gondel durch den Dschungel. Sanft schweben wir durch den grünen Regenwald, über die dichten Blätter hinweg, und genießen die Aussicht über die Bucht, in der wir sogar unser Schiff sehen können. Doch unser Abenteuer ist hier noch nicht zu Ende. Ein stufenreicher Wanderweg führt uns zu einem charmanten Wasserfall, wo nach Aussage unseres Guides früher Pumas entdeckt wurden – deswegen der Name: Puma-Trail. So mitten im Regenwald spüre ich eine Ehrfurcht vor der Schönheit dieser Natur.

OH, WIE SCHÖN IST PANAMA!

Panama zieht mich in seinen Bann. Wir tuckern mit dem Bus nach Panama City, und bereits hier fasziniert mich das Land mit seinem ursprünglichen Regenwald und den wirklich süßen Faultieren. Panama City ist eine aufregende Stadt. Schon von Weitem entdecken wir den Ancon Hill und wählen ihn als unser Ziel aus. Der Aufstieg auf den Hügel mitten in der Stadt dauert etwa eine halbe Stunde, und wir sind froh, dass wir genügend Wasser eingepackt haben. Die tropische Hitze kannten wir so noch nicht. Oben angekommen, werden wir aber belohnt. Von hier haben wir eine herrliche Sicht auf die Skyline!

NICHT VERPASSEN
Puerto Limón

STRANDTAG! Die **Playa Bonita** ist Puerto Limóns beliebtester und schönster Strand, der etwas außerhalb liegt. Der breite Sandstreifen trifft zur Meerseite auf wogende Wellen – ein Paradies für Surfer:innen – und zur Uferseite hin auf zahlreiche Restaurants und Bars.

CAHUITA-NATIONALPARK Das verzweigte Netz der **Tortuguero-Kanäle** schlängelt sich durch eine dichte Vegetation, die viele exotische Tiere beheimatet. Für eine Erkundung per Boot ist Puerto Limón ein idealer Ausgangspunkt. Geführte Touren erläutern zudem die örtliche Kakaoproduktion.

WILDWASSERRAFTINGTOUR Auf dem längsten Fluss Costa Ricas, dem **Reventazón River**, holpert man freudig über die Stromschnellen. Dabei genießt man tolle Einblicke in den Regenwald und erspäht Tukane oder Totenkopfäffchen. Das Erlebnis ist z. B. bei dem örtlichen Anbieter „Destination Services" buchbar.

TIPP

Den Blick immer wieder in das dichte Grün gerichtet, lassen sich auf einer Kajaktour durch Costa Ricas Regenwald gemütliche Faultiere und prachtvolle Vögel entdecken. Der beste Startpunkt ist dafür der wunderbare Strand Punta Uva.

SANTUARIO DE PEREZOSOS DE COSTA RICA (SLOTH SANCTUARY) Das schwere Erdbeben von 1991 änderte den Flusslauf auf dem Land der Familie Arroyo. Sie musste daher ihre Vogeltouren auf diesem Gebiet aufgeben und errichtete dort stattdessen ein kleines Hotel. Im Jahr darauf kam das erste Faultier in ihre Obhut – ihre neue Berufung war gefunden: Verletzte Tiere finden in der Auffangstation Zuflucht und werden aufgepäppelt.

Im Cahuita-Nationalpark ist die Natur eine einzigartige Oase.

In den Straßen Colóns: Hier wird an kleinen Holztischen Domino gespielt.

NICHT VERPASSEN
Colón

PANAMAKANAL Bei einem Besuch in Panama lässt sich eines der bedeutendsten Bauwerke der Welt erleben. Seite an Seite schippert man mit riesigen Frachtern und kleinen Schleppern auf einer Bootsfahrt die Wasserstraße entlang. Zu bestaunen gibt es im **Miraflores Visitor Center** alles Wissenswerte über das technische Wunderwerk. Von der Aussichtsplattform lässt sich der interessante Schleusenvorgang beobachten.

LAGO GATÚN Durch den Bau des Panamakanals entstand dieser künstliche See. Dort entwickelte sich im Laufe des letzten Jahrhunderts eine beeindruckende Tier- und Pflanzenwelt. Erkunden lässt sich der See bei einer Bootsfahrt, auf der man gleichzeitig die Augen nach exotischen Tieren offenhalten sollte.

PORTOBELO Die kleine Ortschaft liegt eine Autostunde von Colón entfernt. Im 16. Jahrhundert wurde der Hafen, der bereits vor der Gründung der Stadt bestand, oftmals von Piraten heimgesucht. Noch heute sind die Überreste der Forts zu sehen, die zum Schutz gegen die feindlichen Übergriffe errichtet wurden. Im Gegensatz dazu steht die Lebendigkeit der Stadt, die durch den Sklavenhandel Einlass bekam. Unter dem Einfluss der kongolesischen Kultur blühte sie auf und wurde schließlich zum Immateriellen UNESCO-Kulturerbe.

TIPP

Um Portobelos Iglesia de San Felipe ranken sich einige Mythen. In der Kirche steht eine lebensgroße Holzfigur, die Jesus Christus verkörpert. Das Besondere: Die Figur ist Schwarz. Fischer:innen hatten sie einst am Strand aufgelesen. Ihre Herkunft ist umhüllt von Geheimnissen, und der Figur werden einige Wunder zugeschrieben.

Einst rief Kolumbus „Porto bello!" beim Anblick der schönen Bucht, und die Stadt hatte ihren Namen.

Im prächtigen Viertel Getsemaní lässt sich beeindruckende Street-Art erleben.

„Hoch hinaus" bleibt weiterhin unser Motto an diesem Tag. Durch Zufall entdecken wir die Rooftop-Bar „CasaCasco", in der wir ein kühles Bier in der tropischen Hitze trinken, den Blick über die Stadt schweifen lassen und die Zeit zu zweit genießen.

Unser Guide Admed in Panama City bleibt mir auf unserer Reise besonders im Gedächtnis: Der junge Mann schwärmt in perfektem Deutsch von unserem Land, das er auch schon besucht hatte. Auf unserer Bustour hält er etwas nervös ein Nummernschild hoch und meint: „Dies ist von meiner Mama, und wer meine Frage richtig beantwortet, der soll es geschenkt bekommen!" Da muss ich schon ziemlich grinsen, und auch der ganze Bus hat Freude an dieser witzigen Aktion. Und natürlich hat seine Mama bereits ein neues Nummernschild, denn in Panama werden alle fünf Jahre die Autokennzeichen erneuert. Inzwischen sind sie ein beliebtes Souvenir bei Tourist:innen.

KUNSTVOLLES CARTAGENA

Kolumbien ist wunderbar! Ein Highlight hier ist definitiv die Stadt Cartagena – insbesondere das Künstlerviertel Getsemaní. Ich komme aus dem Fotografieren gar nicht mehr heraus: An jeder Ecke entdecken wir neue spektakuläre Kunstwerke – eines schöner als das andere. Bei einigen wird man selbst sogar Teil der Kunst: Zwischen die Engelsflügel gestellt oder an einen Tisch gesetzt, umgeben von Schmetterlingen – die Kamera ist immer gezückt.

→ Seite 145

Kunst in Cartagena: Kleine Gassen sind raffiniert von Regenschirmen überspannt, farbenfrohe Häuser reihen sich aneinander, und einzigartige Street-Art schmückt die Fassaden. Das Leben hier findet auf der Straße statt, und dort ist auch die Kunst zu Hause. Diese Stadt steht da wie aus einem Bilderbuch, und Besucher:innen kommen aus dem Staunen überhaupt nicht mehr heraus!

IM GESPRÄCH …

… mit dem Provision Master

Martin Tannert heuerte am 08.08.1999 als Stewart auf AIDA an und arbeitet nun als Provision Master.

Was genau sind die Aufgaben eines Provision Masters?
Der Provision Master ist dafür zuständig, dass die Logistik an Bord funktioniert. Er ist dafür verantwortlich, dass alle notwendigen Artikel für den Hotelbetrieb am vorgegebenen Zeitpunkt vor Ort sind. Auch Warenbestände, Inventur (alle 60 Tage) und Bestellungen fallen in seinen Aufgabenbereich. Dies verändert sich auch je nach Ort und Zusammensetzung der Passagiere. Wenn es z. B. mehr Kinder an Bord gibt, werden mehr Pommes konsumiert und somit auch mehr bestellt.

Woher kommen die Lebensmittel?
Zu 80 Prozent aus Deutschland, 20 Prozent besorgen wir vor Ort. Um eine gleichbleibende Qualität liefern zu können, kommt die meiste Ware aus Deutschland. Die übrigen 20 Prozent sind meist Obst und Gemüse, das wir direkt in den Häfen einkaufen. Bei der Obst-, aber auch beispielsweise bei der Käseauswahl achten wir auf Vielfältigkeit. So haben wir bis zu 60 verschiedene Käsesorten an Bord.

Was ist ein Loading?
Bei einem Loading wird die neue Ware an Bord gebracht. Vorab müssen die Behörden, Zoll und Hygienekontrolle, die Container freigeben.

Gibt es Unterschiede beim Loading, je nach Zielgebiet? Wird z. B. auf der Norwegenreise anders gegessen als auf der Karibikreise?
Da gibt es tatsächlich Unterschiede, denn in den kühleren Gebieten wird mehr gegessen als hier in der Karibik. Bei heißen Temperaturen wird mehr getrunken und mehr Obst verzehrt.

Worauf müssen Sie besonders bei der Nachhaltigkeit achten?
Wir achten sehr auf Müllreduzierung, besonders auf die Reduzierung von Verpackungsmüll und Lebensmittelverschwendung. So werden z. B. Weintrauben nicht mehr in Styroporboxen geliefert, und bei Bier setzen wir auf Großgebinde.

Was lieben Sie am meisten an Ihrem Beruf?
Ich wollte immer etwas machen, wo ich reise. Schon als Kind hatte ich großes Fernweh. Relativ spät, mit 27 Jahren, erfüllte ich mir diesen Wunsch. Vorher arbeitete ich in der Gastronomie an Land, was mich nie komplett erfüllt hat. Durch einen Zufall landete ich dann auf dem Schiff.

Erst einmal begrüßt uns die Stadt mit einem gewaltigen Regenschauer, der die Straßen kurzzeitig überflutet. Als sich die Sonne langsam ihren Weg hinter den Wolken hervorkämpft, wird der besondere Charme Cartagenas sichtbar. Bei toller Aussicht essen wir im „Caffé Lunático" unglaublich leckeres „Ceviche". Das ist roher Fisch, in einem Sud mariniert. Die Tradition des Gerichts geht sogar in die präkolumbische Zeit zurück.

Wieder am Hafen, steigen wir aus dem Taxi, und mein Blick landet direkt auf einem roten Papagei, der oben im Baumwipfel sitzt. Völlig euphorisch richte ich meine Kamera auf ihn, nur um festzustellen, dass dieses prächtige Tier viel zu weit weg ist. Etwas enttäuscht mache ich ein paar Schritte in Richtung Hafen. Und da die Überraschung: Auf einem Holzgerüst sitzen Dutzende bunte Papageien und krächzen friedlich vor sich hin. Klack, klack, klack! Meine Kamera zwitschert zurück.

Bevor wir wieder an Bord gehen, besuchen wir den Port Oasis Ecopark am Hafen. In der kleinen Anlage mit vielen einheimischen und exotischen Tieren heißt uns ein Dottertukan willkommen, dessen Brustgefieder in einem hellen Zitronengelb leuchtet. Die Brüllaffen kuscheln zärtlich miteinander, und ein grüner Leguan blickt uns majestätisch von seinem Baumstamm aus entgegen – der perfekte Abschluss des tollen Tages!

SHOPPING AUF „UNSERE" ART

In einen Souvenirshop hineinspazieren und das Landestypischste mitnehmen, das wir finden, ist nicht unser Ding. Wir sammeln zwei eher ungewöhnliche Sachen: Das Erste sind Weihnachtsbaumanhänger, mit denen wir jedes Jahr unseren Tannenbaum schmücken. Jeder Anhänger trägt für uns eine besondere Erinnerung und gibt uns ganz viel Freude zurück. Das Zweite sind Tattoos, die wir nach jeder Reise mit uns mittragen und uns an unsere besonderen Erlebnisse erinnert – eine Botschaft auf unserer Haut, Schmuck der besonderen Art.

→ Seite 148

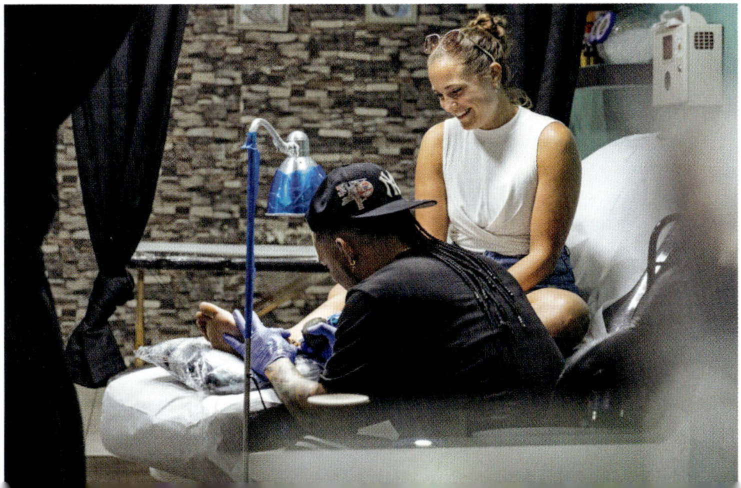

Verabschiedet werden Isabell und Mike in Cartagena von Aras. Ihr persönliches Abschiedsgeschenk machen sie sich in Form eines Tattoos – eine Erinnerung für immer!

Im „Caffé Lunático" gibt es leckere Tapas.

NICHT VERPASSEN

Cartagena

1| GETSEMANÍ Das einstige Armenviertel ist heute ein einziges Kunstwerk: verträumte Gassen mit lebendiger Street-Art an den Häusern.

2| KONTRASTREICHE ALTSTADT Die über 400 Jahre alten Kolonialhäuser sind von einer 11 km langen Stadtmauer umgeben. Mit der beeindruckenden **Kathedrale von San Pedro Claver** und zahlreichen Klöstern leuchten sie farbenfroh um die Wette. Auf der anderen Seite der Bucht erheben sich moderne Wolkenkratzer und bilden einen aufregenden Kontrast.

Die Kathedrale von San Pedro Claver stammt aus der Kolonialzeit.

TIPP

Kunst zum Mitnehmen: Im Künstlerviertel Getsemaní erstrahlt die Kunst nicht nur an den Hauswänden, sondern auch auf dem Bordstein. Viele Straßenkünstler:innen stellen hier aus und verkaufen ihre Werke.

3| LA CIÉNAGA DE LA VIRGEN In dem 30 Autominuten entfernten La Boquilla steigt man in ein traditionelles Kanu und schippert durch die Lagunen von **La Ciénaga de la Virgen**. Gesäumt von Mangrovenwäldern, ist das Wasser die Heimat einer großen Fischvielfalt.

4| STRANDVERGNÜGEN Rund um Cartagena gibt es zahlreiche Strände, die zum Entspannen einladen. Die **Playa Blanca** auf der Halbinsel Barú ist inzwischen so überlaufen, dass man besser auf ruhigere und genauso schöne Orte ausweicht, wie die **Playa de Bocagrande**, die **Playa Castillo Grande** oder die **Playas de La Boquilla**.

5| EL TOTUMO Etwa eineinhalb Stunden Fahrt von Cartagena entfernt, befindet sich einer der kleinsten Vulkane des Landes. Er ist nur etwa 15 m hoch und über eine Treppe erreichbar. Oben angekommen, hüpft man in Badekleidung in den Krater, der mit warmem, dickem und angeblich heilendem Schlamm gefüllt ist.

Badespaß: Der wohltuende Vulkanschlamm des El Totumo ist ein einmaliges Erlebnis.

AIDA WISSEN
WOHNTRÄUME AUF HOHER SEE

Innen-, Meerblick-, Balkonkabine oder eine Suite: Bis zu 21 verschiedene Kabinenvarianten auf den AIDA Schiffen garantieren, dass alle ihr persönliches Wohlfühlreich finden. So kann man je nach Schiffsklasse z. B. eine Verandakabine buchen oder eine Suite mit privatem Sonnendeck. Begehbarer Kleiderschrank, Kabinen mit Verbindungstür oder mit extraviel Platz – Komfort wird dabei in allen Kabinen großgeschrieben.

An unserem letzten Tag in La Romana ist für uns der richtige Augenblick gekommen: Wir legen uns auf die Liege eines wirklich niedlichen Tattoostudios anstatt auf ein Handtuch am Strand – und verlassen das Studio mit einer Muschel auf der Haut, die für uns „die Möglichkeiten dieser Welt" symbolisiert.

GÄNSEHAUTMOMENTE

Jeden Morgen beim Aufwachen an Bord erlebe ich einen meiner Lieblingsmomente: Ich schlage die Augen auf und blicke durch das Fenster der Balkonkabine direkt aufs Meer. Gefühle von Freiheit und Abenteuerlust steigen in mir auf und mit dieser Aufregung starte ich den neuen Tag – und es ist einer schöner als der andere! Dass ich eine Kreuzfahrt so besonders finden würde, hätte ich anfangs ehrlich gesagt nicht gedacht. Doch jeden Tag woanders zu sein, neue Orte zu entdecken und jeden Abend wieder in See zu stechen, ist ein einmaliges Erlebnis. Immer noch bekomme ich eine Gänsehaut, wenn ich an das Horn und die Musik denke, die beim Ablegen des Schiffs erklingen.

Ein besonderes Erlebnis, das mir sehr nahegeht, erleben wir auf Antigua. Dort liegt neben unserer AIDAluna auch ihre große Schwester AIDAperla im Hafen – ein kleines AIDA Familientreffen. Als das Schiff eine Stunde vor uns ablegt, stehen unzählige Menschen an Deck und auf ihren Balkonkabinen. Sie jubeln und winken uns zu. Wow!

Emotional ist auch unser Abschied nach zwei Wochen an Bord. Vollgepackt mit wunderbaren Erinnerungen, neuen Bekanntschaften und Abenteuern brechen wir auf. Wir sind uns aber sicher: Es ist nur ein Abschied auf Zeit.

Während Isabell das Wetter genießt, informiert sich Mike im Reiseführer über den nächsten Hafen.

IM GESPRÄCH …

… mit der Staffkapitänin

Kristina Steinle ist seit neun Jahren an Bord dabei. Sie startete als dritte Offizierin und ist inzwischen Staffkapitänin.

Was genau sind die Aufgaben einer Staffkapitänin?
Ich bin für den operativen Schiffsbetrieb zuständig. Das bedeutet, ich bin für die Navigation verantwortlich und alles, was dazugehört, z. B., dass das Schiff sicher von A nach B kommt. Zudem für alles, was mit Sicherheit zu tun hat, und für das ganze Deck-Department. Das alles kann ich natürlich nicht allein machen, dafür habe ich ein großes Team, das mich unterstützt. Ich bin die Stellvertreterin des/der Kapitän:in und seine bzw. ihre rechte Hand. Was meine Stelle zu seiner/ihrer unterscheidet, ist, dass er/sie die Gesamtverantwortung für den Schiffsbetrieb trägt. Die nächsthöhere Stelle nach meiner ist die des/der Kapitän:in. Dazu wird man von der Reederei berufen. Das Kapitänspatent habe ich als Staffkapitänin bereits.

Wie kam der Wunsch, auf See zu arbeiten?
Das war tatsächlich schon mein Kindheitswunsch. Dieser kam durch meinen Opa, der ein Sportboot am Rhein besaß. So ist die Liebe zum Wasser entstanden und der Wunsch, zur See zu fahren.

Wie ist es, als Frau in Ihrem Job zu arbeiten?
Für mich persönlich ist es ganz normal, in diesem Job zu arbeiten, und es ist auch eigentlich das Schöne. Bei der Seefahrt macht es keinen Unterschied, welches Geschlecht man hat, sondern es haben alle die gleichen Chancen.

Was sind die schönsten Momente in Ihrem Arbeitsalltag?
Das ist für mich, wenn ich auf der Brücke bin, beispielsweise zum An- und Ablegen des Schiffs, wenn der/die Kapitän:in mich das Schiff steuern lässt oder wenn die Sonne auf- und untergeht. Von der Brücke aus hat man nämlich die schönste Aussicht.

Welche Erfahrung werden Sie nie vergessen?
Meinen ersten Einsatz überhaupt auf einem Kreuzfahrtschiff sowie das erste An-und Ablegemanöver. Auch besondere Hafeneinfahrten, wie in den großen Metropolen New York oder Hamburg, sind für mich oft einzigartige Erlebnisse.

Welchen Tipp würden Sie an alle Kreuzfahrturlauber:innen weitergeben?
Am besten sich schon zu Hause über die Ziele informieren, was man dort erleben und sich anschauen kann. Vielleicht auch die Ausflüge vorab buchen, damit man den Urlaub an Bord direkt genießen kann.

Kleine Inseloasen

Die Inseln St. Kitts und Nevis, Cozumel und Guadeloupe bestechen mit weißen Sandstränden unter Palmen, spannenden Artefakten aus alter Zeit und einmaligen Schnorchelparadiesen.

Auf dem Markt von Pointe-à-Pitre gibt es seltene Gewürze wie Roucou. Es wird aus dem Annattostrauch gewonnen und hat einen leicht erdigen Geschmack.

Basseterre

STADT-HIGLIGHT Schon das quietschgelbe Portal im **Port Zante** von Basseterre auf **St. Kitts** ist beeindruckend und heißt Kreuzfahrtgäste in der Stadt willkommen. Unweit davon liegt das **National Museum**, das Exponate aus Kultur und Geschichte der Insel zeigt. Ein kleines Juwel ist auch die **Basseterre Co-Cathedral of Immaculate Conception** im neogotischen Baustil.

BUNTE STOFFE Ein Ausflug zur Plantage von **Caribelle Batik** im Herrenhaus **Romney Manor** erklärt Besucher:innen die Herstellung hochwertiger Stoffe. Die Mitarbeitenden führen die kunstvollen Batiktechniken vor und erläutern deren Geschichte. Anschließend können Gäste durch die farbigen Textilien im hiesigen Souvenirgeschäft stöbern und einen Hauch von Karibik mit nach Hause nehmen.

INSEL NEVIS Direkt neben dem Kreuzfahrthafen starten die Schiffe zur Nachbarinsel **Nevis**. Dort lassen sich Charlestowns Kolonialhäuser aus dem 18. und 19. Jahrhundert, blühende Orchideen im botanischen Garten, prächtige Plantagengästehäuser und gemütliche Hängematten am Nisbet Beach entdecken.

Herrlich – die Strände auf Cozumel!

Cozumel

EINKAUFSBUMMEL Flaniert man entlang der Uferpromenade direkt vom Hafen aus, lassen sich tolle Geschäfte und Cafés finden. Drei Straßen weiter gibt es die **Galería Azul**, die niedliche Lampen und handbemalte Vasen verkauft.

MIT DEM RAD Unweit des Hafens mieten sich Gäste ein Fahrrad bei „Best Bikes Cozumel", um die Insel auf eigene Faust zu erkunden. Die Küstenstraße führt durch eine schöne Landschaft, vorbei an kleinen Mayaruinen zu idyllischen Badestränden, die zum Schnorcheln einladen.

RUINEN DER MAYA Die archäologische Stätte **San Gervasio** (15 km von San Miguel) war einst ein Pilgerort, an dem die Maya die Göttin Ix-chel verehrten. Heute sind nur noch Tempelruinen Zeugen dieser Zeit.

Pointe-à-Pitre

CASCADE AUX ÉCREVISSES Von Pointe-à-Pitre auf Guadeloupe sind es etwa 30 Fahrtminuten bis zum Ausgangspunkt der Wanderung zum Wasserfall Cascade aux Écrevisses. Nach einem kurzen Spaziergang steht man vor dem kleinen Wasserfall mitten im Tropenwald und genießt die Natur.

FEUERSPUCKEND Auf Guadeloupe gibt es noch einen aktiven Vulkan, den **La Soufriére**. Zuletzt brodelte er in den 1970ern. Mit dem Auto (1 Stunde von Pointe-à-Pitre) gelangen Besucher:innen über eine schöne Bergstraße zu der bizarren Felslandschaft. Die letzten 300 m geht es – den Schildern folgend – zu Fuß weiter. Vom höchsten Berg der Insel ist die Aussicht einfach herrlich!

SCHACHBRETTMUSTER Ziemlich skurril ist der **Friedhof in Morne-à-l'Eau** (20 Fahrtminuten von Pointe-à-Pitre). Mit weißen und schwarzen Kacheln verziert, sind die Gräber richtige Hingucker.

Straßenhändler:innen auf Cozumel verkaufen Leckereien für zwischendurch (oben). Der Friedhof von Morne-à-l'Eau schmiegt sich an eine Anhöhe.

Wahrlich würdevoll

... und kunterbunt liegen Curaçao und Aruba im Karibischen Meer. Beide Inseln wurden im 17. Jahrhundert von der Niederländischen Westindien-Kompanie eingenommen und gehören heute noch zum Königreich.

Farbenfroh: Die Häuser von Willemstad sind fröhlich-bunt angemalt. Gute Laune ist hier Programm!

Willemstad

KUNTERBUNT Spaziert man durch das farbenfrohe, lebendige Stadtzentrum von Willemstad auf **Curaçao**, wird der Einfluss der Niederländer:innen an jeder Ecke spürbar. Die beeindruckenden Häuser erinnern sehr an Amsterdam inklusive karibischen Flairs. Noch bunter wird es im alten jüdischen **Stadtviertel Scharloo**, dessen Häuserfassaden mit faszinierender Street-Art geschmückt sind.

GENUSSVOLL Im Landhaus **Chobolobo**, etwa 5 km von Willemstad entfernt, befindet sich eine Curaçao-Likörbrennerei. Bei einer Führung lässt sich alles über den bekannten blauen Likör und dessen Herstellung erfahren.

MARKANTE TROPFSTEINE Im Norden der Stadt entstanden bereits vor einigen Millionen Jahren die **Hato-Höhlen**, die einst den Ureinwohner:innen sowie geflüchteten Sklav:innen als Zufluchtsort dienten. Die Tropfsteinhöhlen können im Rahmen einer einstündigen Führung besichtigt werden, und mit etwas Glück lassen sich Fledermäuse, die hier heimisch sind, entdecken.

Zeit für Souvenirs: In den vielen kleinen Shops von Oranjestad lassen sich tolle Mitbringsel für zu Hause finden.

Oranjestad beheimatet die rosa Farbtupfer, die sich am Flamingo Beach bestaunen lassen.

Lecker! Mit einem Cocktail genießt man in Willemstad das meist wunderbare Wetter der Karibik.

Oranjestad

IM HERZEN DER STADT Mitten in Oranjestad auf **Aruba** strahlt die **Plaza Daniel Leo** wie ein kleines Juwel. Die kurvenreiche und farbenfrohe Architektur umrahmt einen kunstvollen Springbrunnen.

TRADITIONSREICH Das **Aruba Aloe Factory Museum and Store** widmet sich der faszinierenden Welt der Aloe-vera-Pflanze, die bereits seit Jahrtausenden angepflanzt wird. Das Grasbaumgewächs hat eine heilende Wirkung bei Hautverletzungen. Im Museum gibt es Führungen auf Englisch, die den Prozess vom Anbau bis hin zum fertigen Hautpflegeprodukt erklären.

AUF DEM RÜCKEN DER PFERDE Eine aufregende Art, die wilde Steppe des **Arikok Nationalparks** zu erkunden, bietet ein Ausritt. **The Gold Mine Ranch Aruba**, etwa 10 Fahrtminuten von Oranjestad entfernt, organisiert tolle Ausflüge auf dem Pferderücken in den Nationalpark oder am Strand entlang.

Zwischen den Meeren

Atlantischer und Indischer Ozean umarmen sich am Südzipfel von Afrika. Dort liegen Namibia und Südafrika. Hier können sich Pinguine und Elefanten „Gute Nacht" sagen, und neben der weiten Wüste erstreckt sich endloses Wasser.

Rio de Janeiro
Buenos Aires
Ushuaia

Südatlantik *Häfen*

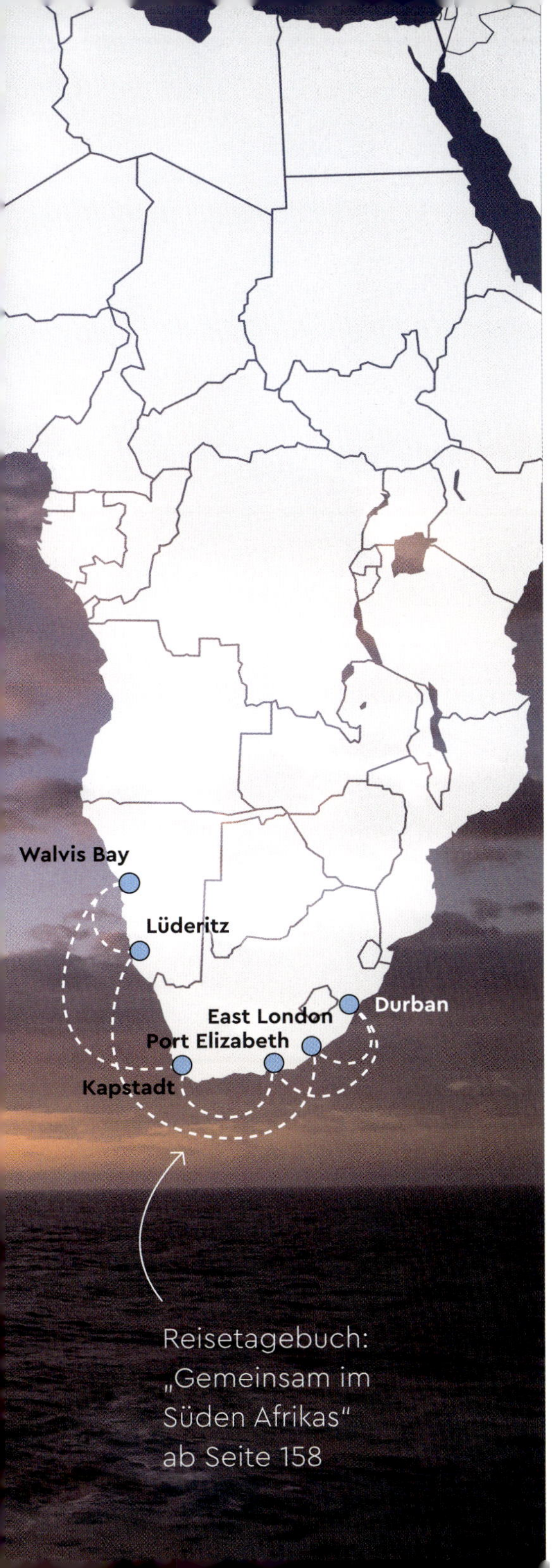

Reisetagebuch: „Gemeinsam im Süden Afrikas" ab Seite 158

HÄFEN DER REISEROUTE

WEITERE SPANNENDE AIDA HÄFEN

Afrika pur: In East London erkunden Monika und Gerald das Nahoon Point Naturreservat, und im Addo-Elefanten-Nationalpark sichten sie sogar eine Elefantenherde.

Verkäuferin Melli hat Blumen in den buntesten Farben an ihrem Stand auf dem Flower Market.

Abenteuer im Süden Afrikas

Monika und Gerald stechen im Südatlantik in See. Dabei begegnen sie bei Landgängen den Big Five und erkunden die Namib von oben. Sie verlieben sich in eine Bibliothek und genießen die Zeit an Bord.

Wir haben Glück. Der Himmel über dem Tafelberg hat aufgeklart. Der sattgrüne Fynbos-Bewuchs, so typisch für Südafrika, duftet unverwechselbar würzig. Eine kleine grüne Eidechse genießt die Sonne. Immer wieder weichen Gerald und ich vom Weg ab. Wir blicken hinunter auf das Panorama: Der Atlantische Ozean erstreckt sich rechts von uns bis zum Horizont, links der Indische Ozean. Davor das beeindruckende Kapstadt, und zu guter Letzt das Kap der Guten Hoffnung. Dazu säuselt leise der Wind. Noch einmal eine Gelegenheit, sich gegenseitig zu fotografieren: Du warst hier. Ich war hier. Wir waren gemeinsam hier. Was für ein Glück!

In Kapstadt schließt sich der Kreis: Hier beginnt und endet unsere wunderbare Reise. Am Duncan Dock, direkt neben der Waterfront, checken wir auf AIDAaura ein. Trotz des anstrengenden Flugs sind wir voller Tatendrang. „In die Stadt?", Gerald schaut mich verschwörerisch an. „Klar!", antworte ich. So startet unser Südafrika-Abenteuer mit einem Spaziergang durch die Stadt am Fuße des Tafelbergs. Die erste Überraschung sind die Hochhäuser in der Innenstadt, die fast nahtlos in die Altstadtviertel übergehen. Auf dem Flower Market zeigt mir Melli an ihrem Stand ein paar ihrer leuchtend orangefarbenen Nadelkissen-Proteen. Mit diesen Blumen ist sie groß geworden. Für mich sind sie absolut exotisch.

Wir spazieren durch den tropisch grünen Company's Garden, vorbei an den alten Kolonialbauten auf der Long Street, direkt ins Bo-Kaap-Viertel. Die Nachmittagssonne lässt die bunten Häuser leuchten. Familien kommen schwatzend aus der Moschee, und Kinder spielen auf der Straße Fußball. Eine Welt für sich.

→ Seite 163

Unterhalb des Tafelbergmassivs erstreckt sich Kapstadt.

NICHT VERPASSEN
Kapstadt

1| THE WATERSHED In dieser stylishen Halle befinden sich etwa 150 Läden mit verschiedenen Produkten, wie afrikanische Keramik, Kleidung, Schmuck sowie Arts & Crafts. Die Einkaufsoase liegt direkt in der **Dock Road** gegenüber dem ebenfalls sehenswerten **Two Oceans Aquarium**.

2| SIGNAL HILL Frühmorgens kann man von diesem 350 m hohen Hügel aus einen atemberaubenden Sonnenaufgang mit herrlichem Blick auf den Tafelberg, das Meer und die Stadt genießen. Früher wurde der **Aussichtspunkt** dazu genutzt, um Kaufleute und Wirte zu informieren, wenn sich ein Handelsschiff dem Hafen näherte. So konnten sie schnell ihre Waren bereitstellen.

3| WINE TASTING IM GROOT CONSTANTIA Auf Südafrikas ältestem Weingut verkostet man hervorragende edle Tropfen im **kapholländischen Herrenhaus**. Gouverneur Simon van der Stel startete hier 1685 die erste Produktion, die schnell weltweit bekannt wurde. Selbst Napoleon war Fan des Weins.

Pinguine in der Boulders Bay

TIPP

Durch das gemütliche Café „Honest Chocolate" gelangt man in die versteckte „The Gin Bar", die einst als Gotteshaus diente und nun exzellenten Gin serviert.

4| CANTERBURY STUDIOS In diesem Gebäudekomplex gibt es ein herrliches **Atelier** mit Arbeiten toller Künstler:innen. So lassen sich hier z. B. wundervoll handbemalte Tierköpfe aus Holz bei „Head On Design" sowie aufregende, von der afrikanischen Flora und Fauna inspirierte Textilien bei „Sharon B Design" erwerben.

5| BOULDERS BAY Große, runde Granitfelsen sind die Namensgeber dieser Bucht. Hier lebt eine **Kolonie von Brillenpinguinen**, die von Holzstegen aus ungestört beobachtet werden können. Am nahe gelegenen Boulders Beach kommt man den Tieren ganz nahe.

Willkommen auf Groot Constantia! Seit Jahrhunderten werden hier Spitzenweine produziert. Landestypische Kunst gibt es in der Markthalle The Watershed zu entdecken.

Über das Kap Recife wacht der schwarz-weiße Leuchtturm.

Das Donkin-Reservat mit Pyramide und Mosaik ist Teil der Route 67.

NICHT VERPASSEN

Port Elizabeth

SANCCOB In diesem Rehabilitations- und Bildungszentrum für Meeresvögel im **Kap Recife Naturreservat** kommen gerettete Vögel unter. Besucher:innen können sich über die Lebensweisen der Tiere und die Arbeit des Zentrums informieren. Über die Website kann man auch einen Pinguin „adoptieren" und ihm einen Namen geben.

KAP RECIFE Auf der vorgelagerten Sandbucht, etwa 20 Minuten von Port Elizabeth entfernt, bildet der **Leuchtturm** einen tollen Kontrast zum weißen Sand. Die weite Landschaft ist meist menschenleer. Hier wandert man zwischen den Dünen und genießt die Ruhe.

ROUTE 67 Die Zahl steht für Nelson Mandelas 67 politische Jahre. Ihm zu Ehren sind 67 Kunstwerke öffentlich auf diesem Weg ausgestellt, und es führen 67 Stufen hinauf zur zweitgrößten Flagge Afrikas (12 × 8 m). Auf einem Spaziergang entlang der Route passiert man einige Sehenswürdigkeiten wie das **Nelson Mandela Metropolitan Art Museum** und das **Opernhaus**.

THE BOARDWALK Von Summerstrand nach Kings Beach führt diese wunderschöne Promenade 4 km am Strand entlang. Vorbei an tollen Restaurants, Cafés, Bars und Läden gelangt man auch zum **Shark Roch Pier**: ein 140 m langer Steg, der malerisch auf das azurblaue Meer hinausführt.

TIPP

Baakens Valley: Im einstigen Industriegebiet gibt es heute nette Läden, Cafés und Bars sowie die Brauerei „RHBC" und die Vinothek „The Wine Shed". Perfekte Orte, um ein bisschen zu verweilen.

Während die Auslaufmusik „Sail Away" erklingt, finden Gerald und ich uns in der Anytime Bar ein. Die Skyline von Kapstadt funkelt, und als die ersten Takte der Melodie ertönen, bekomme ich ein warmes Gefühl. Dazu schwenkt die Mannschaft des Frachters neben uns unter lautem Johlen Lichter.

Wir sitzen auf dem Balkon unserer Kabine. Heute ist uns das Aufs-Meer-Schauen genug: nichts vor uns zu haben als den Indischen Ozean und in der Ferne den Horizont, während das Schiff nach Nordosten schippert. Abends bestellen wir uns einen Gin Tonic an der Pool Bar. Das fühlt sich an wie Ausgehen, was wir im normalen Alltag zu selten tun. George, der Pianist, säuselt in sein Mikro: „Let me entertain you!" Und wir werden perfekt unterhalten!

PORT ELIZABETH: BIENENKORB DES WISSENS

Samantha und Lester, unsere lokalen Guides, führen uns in das alte koloniale Herz von Port Elizabeth. Die Hafenstadt hat schon bessere Zeiten gesehen, dennoch herrscht verhaltene Aufbruchstimmung. Mein Herz verliere ich an die Bibliothek von „PE", ein kleines viktorianisches Meisterstück. Um den beeindruckenden Kuppelsaal gliedern sich gemütliche Arbeitsräume. Die Port Elizabeth Main Library ist und war, auch während der Apartheid, für alle da. Ein kleines Wunder. „Du brauchtest nur einen Bibliotheksausweis", erzählt mir Samantha und bekommt glänzende Augen.

Am Abend fahren wir in einem Jeep durch den Addo-Elefanten-Nationalpark. „Nennt mich einfach CK!", begrüßt uns unser Guide lachend. Sein Xhosa-Name ist für uns nicht auszusprechen. Der Geländewagen rattert über

Ort der Kunst und des Wissens: Port Elizabeth bezaubert mit einer herrlichen Bibliothek und beeindruckender Street-Art.

Monika und Gerald erkunden auf einer Jeeptour den Addo-Elefanten-Nationalpark. Auf der Katamaranfahrt zur Pinguininsel St. Croix Island beobachten sie Kormorane, die bis zu 30 m tief tauchen können.

die Pisten, und wir hoffen, möglichst viele der Big Five – Elefant, Nashorn, Büffel, Löwe und Leopard – zu erspähen. Die Luft ist so gut, und es duftet wunderbar. Der Himmel färbt sich bereits sanft rosa, als wir eine kleine Gruppe Elefanten sehen. Wenige Meter entfernt drängen sich die großen und kleinen Hinterteile der Dickhäuter um ein Wasserloch. „Super!", flüstert Gerald in seine Kamera. „Was für ein entzückender Anblick der Tiere!" Das finde ich auch.

Am nächsten Tag fliegt unser kleiner und wendiger Katamaran regelrecht durch die Algoa Bay. Lloyd und Purity von Raggy Charters wollen uns die südafrikanischen Pinguine auf St. Croix Island zeigen. Die Insel, auf der die Pinguine ihre Jungen großziehen, ist Teil des Addo-Elefanten-Nationalparks und riecht kräftig nach Guano. Fast auf dem Rückweg, treffen wir auf eine große Gruppe Delfine, die gemeinsam auf der Jagd ist. Die Tiere kommen nah an unser Boot heran. Sie lieben es, auf der Bugwelle zu reiten. Purity lacht laut vor Freude. Am Tag zuvor hat sie einen Preis, den Kudu Award der südafrikanischen Nationalparks, für ihre Arbeit bekommen. Das hier ist ihre Party!

Direkt am Hafen von Port Elizabeth stoßen wir auf das Restaurant „THIS !S EAT" – das ist Essen! Der Name ist Programm – und wie! Wir genießen superleckeren Fisch in einer entspannten Atmosphäre.

→ Seite 168

IM GESPRÄCH …

… mit dem Director Newbuildings

Christian Schönrock ist Director Newbuildings AIDA, Vice President Newbuildings Costa Group, er studierte Schiffsbau und arbeitet bereits seit 1995 bei AIDA.

Wie kamen Sie zu AIDA?
Seit meiner Kindheit bin ich Segler und konstruiere Boote. Das fasziniert mich. 1995 suchten sie bei AIDA einen vielseitigen Schiffsbauingenieur als Assistent der Geschäftsleitung. Meine erste Aufgabe war die Koordination des Baus von AIDAcara, des ersten Clubschiffs. Aus dem damaligen kleinen Team ist dann das gewachsen, was heute AIDA ist.

Wie lange dauert es von der ersten Idee bis zu einem fertigen Kreuzfahrtschiff?
Wenn man ein Schiff komplett neu denkt, braucht man dafür schon ein Jahr. Mit dem Generalplan gehen wir zur Werft. Dort wird in 12 bis 18 Monaten erst alles fertig konzipiert. Danach benötigt die Werft vom Schneiden der ersten Platte bis zur Kiellegung etwa ein halbes Jahr und dann noch ein Jahr bis zur Ablieferung. Also insgesamt fünf Jahre.

Wie viele Menschen sind an dem Bau eines Kreuzfahrtschiffs beteiligt?
Bei einem so großen Schiff sind manchmal 2500 Leute gleichzeitig auf der Baustelle. Mit allen Zulieferer:innen sind bestimmt 10 000 Leute beteiligt.

Was sind für Sie besondere Momente im Schiffsbau?
Ich arbeite immer gern in einem Team, in dem ganz viele Expert:innen zusammenkommen. Da spielst du dir die Bälle hin und her. Und aus einer Idee wird manchmal etwas Neues, Großes wie das Theatrium. Auch die letzten Wochen, in denen wir das Schiff fertigstellen, sind aufregend. Die Ausbaufirmen sind da, die letzten Tests müssen abgeschlossen und das Schiff sowie die Crew ausgerüstet werden. Bei der Schiffstaufe haben dann schon der Kapitän und die Crew übernommen. Das Baby, das Schiff, ist dann erwachsen, und du musst es loslassen.

Wie wird sich die Kreuzfahrt in der Zukunft entwickeln, und woran arbeitet AIDA?
Wir müssen bei jedem neuen Schiff ein Gespür dafür entwickeln, was die Kund:innen in Zukunft möchten. Andererseits muss es ein wirtschaftlich sehr effizientes Produkt sein. Das heißt bei einem Schiff: Energie sparen! Und das bedeutet ökonomische und ökologische Innovationen – egal, ob bei der Klimaanlage oder dem Motor. Für Letzteres suchen wir nach neuen Antriebsmöglichkeiten. LNG und Batteriespeichersysteme nutzen wir bereits. Unser Ziel ist die emissionsfreie Kreuzfahrt bei gleichzeitiger Zuverlässigkeit und Sicherheit. Da arbeiten wir an der Zukunft.

Buntes Strandvergnügen: Am weißen Sandstrand von Muizenberg im Süden von Kapstadt sind die kleinen, farbigen Holzhäuschen ein Hingucker. Die Idee der Hütten geht ins 19. Jahrhundert zurück: Die „Bathing Machine" war damals ein wagenähnliches Konstrukt, das den Damen als Umkleide diente. Heute sind die Farbtupfer nicht nur ein tolles Fotomotiv, sondern zudem der ideale Windschutz, um den Tag entspannt am Strand zu verbringen.

An Bord schwingen Monika und Gerald beim Tanzkurs gemeinsam das Tanzbein! In Durban taucht Monika im „Seaman Fashion Design" in eine wunderbare und farbenfrohe Stoffwelt ein.

HÜFTSCHWUNG AN BORD

„Also auf keinen Fall Discofox", stöhne ich. Unsere letzten Tanzstunden sind über 30 Jahre her. „Dann eben Rumba!", meint Gerald grinsend. AIDAaura machts für uns möglich. Und mal ganz ehrlich: Wir sind zwar engagiert dabei, aber „elegant" sieht anders aus. Fabian, unser Gastgeber, trägt es mit Fassung. Nach dem ersten Aufwärmkurs wagen wir uns zu den Fortgeschrittenen. Immerhin können wir uns nun – fast immer – die Schrittfolge merken. Sogar das lässige Wackeln mit der Hüfte klappt. Was für ein Spaß!

→ AIDA Bordprogramm

Ein tägliches, abwechslungsreiches Programm, zu finden in der AIDA Heute, ermöglicht es Reisenden, Neues auszuprobieren und verschiedene Kurse zu testen.

DURBAN: STADT DER MÄRKTE

Laute Reggaemusik hallt über den Platz. „Hast du die Schlangenhäute gesehen?", fragt Gerald. Wir sind begeisterte Marktbesucher, und das Sortiment auf den Markets of Warwick ist unglaublich. Hier bekommt man fast alles, von regionalem Gemüse bis hin zum perfekten Mitbringsel. Am Schluss unseres Rundgangs landen wir am Victoria Street Market. Ich bin auf der Suche nach Stoffen und

AIDA WISSEN
COMMUNITY

Urlaub auf AIDA heißt Lebensfreude, Menschen treffen und neue Freund:innen kennenlernen. Die gemeinsamen Borderlebnisse verbinden und bieten eine ganz neue Erfahrung. Unter dem Hashtag #aidamomente schwelgt man auf TikTok, Instagram, Facebook und Co. in Erinnerungen und holt sich das AIDA Gefühl nach Hause.

indischen Gewürzen. Unser Guide Thoko führt mich in das Hinterzimmer eines Kleiderladens. Hassinah und ihr Mann sitzen an Nähmaschinen, als wir die helle Kammer betreten. Die Wände hängen voller Stoffstücke. „Zu welchem würdest du mir raten?" Hassinah betrachtet mich prüfend. Sie mustert ihre Schätze und zieht ein schlichtes Design in meinen Lieblingsfarben hervor. Dann zückt sie noch ihr Handy und zeigt mir ihre Kreationen. „Schau mal! Das könnte dir stehen!" Eine üppige Stofffülle bauscht sich um Hüfte und Dekolleté. Sie nickt mir aufmunternd zu. So mutig bin ich nicht. Den schönen Stoff nehme ich für zu Hause trotzdem mit.

Auf der Fahrt durch die Stadt frage ich Thoko, wie sie lebt. Durban ist schließlich kein ungefährliches Pflaster. Ihre dunklen Augen funkeln mich an. „Mama, ich bin schon eine Großmutter. Ich wohne mit meiner Tochter und meinem Enkelkind." Sie lacht herzhaft. „Keine Zulu-Polygamie für uns. Das ist die neue Zeit." „Mama" – so nennen mich sonst nur unsere erwachsenen Söhne. In Südafrika, das sich selbst Regenbogen-Nation nennt, ist es ein freundliches Wort für ältere Frauen. Es drückt Respekt und Zugehörigkeit aus. Wie schön! Ich nehme es als Kompliment.

WELLNESS FÜR UNS

Gerald und ich nutzen die Seetage für ausgedehnte Spa-Besuche. So habe ich auf unserer Reise mehrere Begegnungen mit Laminaria. Das klingt wie ein Zauberspruch aus Harry Potter, ist aber Bestandteil eines grünen Algenbreis, der wunderbar nach Meer duftet. Und er macht meine Haut weich und schön. Wellness, zu der wir im Alltag nicht kommen.

→ Seite 172

Vogelbeobachtungen im Gwahumbe Wildreservat

Auf den Markets of Warwick gibt es spannende Köstlichkeiten.

NICHT VERPASSEN

Durban

1| KWA MUHLE MUSEUM Das beeindruckende Museum beleuchtet in historischen Fotografien und nachgebauten **Township-Verschlägen** die Zeit der Apartheid sowie die Geschichte der Stadt.

2| MARKETS OF WARWICK Bei einer Tour über die Märkte lernt man die Stadt noch einmal auf neue Weise kennen. Auf dem **Kräutermarkt** duftet es herrlich, prachtvoller Schmuck findet sich auf dem **Perlenmarkt**, und leckere Orangen leuchten auf dem **Early Morning Market**.

3| GOLDEN MILE Der Sandstrand erstreckt sich vom **Umgeni River** bis zum **Durban Point**. Hier gibt es an der Promenade alles, was das

TIPP

In Südafrika leben viele unterschiedliche Kulturen zusammen, was dem Land den Namen „Regenbogen-Nation" einbrachte. Das spiegelt sich auch in der Küche wider, in der die afrikanische Kultur auf indische Einflüsse trifft, aber auch amerikanische Steak-Diner und deutsche Gasthäuser zu finden sind.

Die Juma-Moschee von Durban ist auch als Grey Street Mosque bekannt, da sie in der einstigen Grey Street errichtet wurde. Sie stellt ein spirituelles Zentrum für Durbans muslimische Gemeinde dar.

Herz begehrt: leckeres Essen, guten Kaffee, Stände zum Bummeln, einige Parks und riesige Malls.

4| KWAZULU NATAL SOCIETY OF ARTS Diese Non-Profit-Organisation liegt etwa 2 km nordwestlich des Wilson's Wharf und bietet eine interessante **Wechselausstellung** regionaler Künstler:innen. Einzigartige Kunstwerke verkauft der Shop nebenan.

5| SAFARI IM GWAHUMBE WILDRESERVAT Durch die bergige, grüne Landschaft des kleinen **Naturreservats** schlängeln sich die Flüsse Msunduze und Mgwahumbe. Es ist ein Paradies für Tierbeobachtungen: Neben einigen Antilopenarten wie dem Nyala leben hier auch Giraffen, Gnus – „Wildebeest" genannt – und zahlreiche exotische Vögel.

KwaZulu Natal Society of Arts (KZNSA) im Stadtviertel Glenwood wurde bereits 1906 gegründet. Über die Jahre entwickelte sie sich von einem Treffpunkt für Künstler:innen zu einer angesehenen Galerie.

Das Nadelkissen zählt zu den Proteengewächsen und verleiht Südafrika wunderbare Farbtupfer. Und das East London Museum stellt sogar ein Ei aus, das mutmaßlich von einem Dodo, einem bereits ausgestorbenen Vogel, stammt.

Einmalig sind unsere Saunagänge im Mondschein. Mit einer Handvoll anderer Passagier:innen kommen wir uns vor wie Auserwählte. Erst vorsichtig distanziert, wie das so ist, wenn man sich in der Sauna begegnet. Am Ende gemeinsam lachend, weil wir alle mit den Algenpackungen aussehen wie Kinder nach einer Fingerfarbenaktion.

EAST LONDON: POENSKOP, DER MUSCHELKNACKER

Was für eine Reise! Die interessanten Vorträge an Bord bereiten uns auf die Städte Südafrikas vor. Nicht nur die Schönheit des Landes fesselt uns, sondern auch seine Widersprüche. Meine Liebe zu Afrika bekommt neues Futter.

→ Vorträge **Kultureller Tiefgang: Expert:innen, aus Bereichen wie Archäologe oder Meeresbiologie, und Lektor:innen berichten an Bord über die Reiseziele.**

Wir besuchen das East London Museum, eine kleine Schatzkammer. Hier sehe ich zum ersten Mal einen Poenskop, so einen griesgrämig dreinschauenden Fisch, den man auch als „Muschelknacker" kennt. Mit seinen kegelförmigen Zähnen hält er die Muscheln fest und knackt sie dann mit seinen kräftigen Kiefern sowie Backenzähnen. Ich denke sofort: Den haben sie doch erfunden! Ich mache noch ein paar Fotos von der riesigen Muschelsammlung. Kurz darauf stehen wir am Strand des Nahoon Point Naturreservat und genießen die sanfte Brise, die uns entgegenweht. Trotz der fehlenden Sonne ist es hier wunderbar.

NICHT VERPASSEN

East London

WILD COAST Der romantische Küstenabschnitt erstreckt sich von East London aus etwa 250 km weit in Richtung Durban. Mit seinen kleinen Lagunen, goldenem Sand und sanften Hügeln sind vor allem die Badestrände ein echter Geheimtipp, wie der malerische **Gonubie Main Beach**. Wer lieber in East London verweilt, geht zum Strandabschnitt des **Orient Beach Complex**.

NAHOON POINT NATURRESERVAT Ein Steg schlängelt sich im Nordosten East Londons durch grüne Büsche des **Naturreservats** bis hin zur Landspitze. Auf dem Meer bezwingen Surfer:innen die großen Wellen – darunter auch die Weltelite der Sportart. Im „The Reef Café" vor Nahoon Point gibt es leckeres Frühstück und guten Kaffee.

ANN BRYANT ART GALLERY In der schnuckeligen **Villa** befindet sich seit 1947 eine Galerie. Einst wohnte hier Ann Bryant mit ihrem Mann. Beide waren sehr kunstinteressiert und besaßen eine beeindruckende Privatsammlung. Nach Anns Tod ging das Haus inklusive der **Galerie** an die Stadt East London. Heute sind hier Werke von Thomas Bowler, Maud Saumner, Lawrence Scully und vielen weiteren Künstler:innen ausgestellt.

Die Ann Bryant Art Gallery beherbergt eine Dauerausstellung zu britischen und englischen Kunstwerken aus dem 18. und 19. Jahrhundert.

TIPP

Adrenalin pur: An einer Zipline rauscht man über die tolle Landschaft Südafrikas. Das Abenteuer ist über den lokalen Anbieter „Areena Riverside Resort" oder als AIDA Ausflug buchbar.

Beim Shuffleboard an Deck spielen Gerald und Monika um den Sieg!

Im Calypso Restaurant zaubert das Küchenpersonal die unterschiedlichsten Landesküchen auf die Wärmeplatten. Ich entscheide mich für Fusion Food: asiatische Küche, frische Früchte und grüner Salat. Der Markt von Durban lässt grüßen!

Bereits am ersten Seetag hatte mich Gelächter auf die Backbordseite des Pooldecks (links vom Heck) zu einem Spielfeld gelockt. Schscht, klack, klack. Rote und blaue Pucks: zwei bunt zusammengewürfelte Mannschaften liefern sich ein Match um den Sieg beim Shuffleboard. Die Regeln sind simpel: Mithilfe einer Stange wird ein Puck über das Holzdeck in ein Zahlenfeld gestoßen. Wenn es dumm läuft, haut ein Puck der gegnerischen Mannschaft den eigenen wieder aus dem Feld. Der Seegang spielt mit. So bleibt das Spielergebnis bis zum Schluss offen. Gerald fängt sofort Feuer und heuert bei Rot an. Da bleibt mir nur Blau. Es braucht zwei, drei Runden, bis wir die Technik raushaben und den richtigen Schwung im Arm. Am Ende wird es wirklich knapp. Unsere neuen Reisebekanntschaften sind auf jeden Fall ein Gewinn!

LÜDERITZ: AUFBRUCH ZUM ATLANTIK

Über Nacht hat uns das Schiff nach Lüderitz gebracht. Kaum an Land, weht uns ein stetiger Wind aus Südwest um die Ohren. „Quasi windstill!" Unser Guide Nkobo lacht. „Wir haben auch sehr, sehr viele Sonnentage und die besten Langusten." Die Farbe der Erde und der Wüste um Lüderitz leuchtet in allen Schattierungen von Hellgelb, Hellrosa und Hellgrau. Die Fischerboote, die neuen Häuser und die alten Gebäude aus der deutschen Kolonialzeit halten mit kräftigen Bonbonfarben dagegen. Eine faszinierende Stadt! Die Sache mit den Langusten überprüfen wir natürlich und stellen fest: „Sehr lecker!"

Adolf Lüderitz erwarb in der Bucht ein Stück Land. Um es vor den Briten zu schützen, sprach er es der deutschen Reichsregierung zu – und Lüderitz war geboren!

Verlassene Häuser, in deren Zimmern heute der Wüstensand wohnt: Das verlassene Kolmannskuppe ist ein faszinierendes Ausflugsziel!

NICHT VERPASSEN

Lüderitz

KOLMANNSKUPPE Zur Zeit des Diamantrausches entstand mitten in der Wüste, etwa 10 km von Lüderitz entfernt, eine deutsche Kleinstadt voller Luxus. Es gab sogar eine Eisfabrik. Als das Diamantvorkommen langsam erschöpft war, verschwanden die Bewohner:innen und mit ihnen das Leben aus der Stadt. Heute ist es eine **Geisterstadt**, die die Sanddünen sich nach und nach zurückerobern. Genau das beeindruckt und zieht jeden Hobbyfotografen in den Bann.

HAFENSTADT Lüderitz war die erste deutsche Stadt in **Namibia** und blickt auf eine lange europäische Kolonialgeschichte zurück. Bei einem Spaziergang entdeckt man immer wieder deutsche Wörter wie Bismarckstraße, Kegelhalle oder Ballsaal. Auch ihr Wahrzeichen, die **Felsenkirche**, trägt einen deutschen Namen. Sie thront in ihrem neugotischen Stil auf einer Anhöhe.

WÜSTENWANDERUNG Von Lüderitz fährt man zur **Großen Bucht**. Von dort starten geführte Touren durch die **Wüste**, die mit AIDA gebucht werden können. Mit etwas Glück lassen sich vom Strand aus auch ein paar Robben und Flamingos beobachten.

TIPP

Bester Kaffee der Stadt! Den gibt es bei Cicely und Daniela im „Desert Deli". Das nette Café bietet dazu hausgemachten Kuchen, und tolle Souvenirs kann man auch gleich kaufen.

Nach dem Abendessen finde ich mich im Fitnessbereich ein. Es wird Yoga angeboten. Da weiß ich, was ich tue. Es ist schön, auch hier auf dem Schiff in die vertrauten Dehnübungen einzusteigen. Die Konzentration schärft die Erinnerungen. Die Nacht ist mild, der Mond steht hoch, und über uns schwebt der Orion. Ach ja!

WALVIS BAY, SWAKOPMUND: WEITEN DER WÜSTE

Ein morgendlicher Kaffee in der Anytime Bar, das Schiff nähert sich der Walvis Bay, der Walfischbucht. Die Küste liegt noch hinter fluffigem Seenebel, der Himmel und Meer trennt. Langsam taucht das goldene Licht der Sonne hinter den Dünen auf. Gerald packt die Kamera ein. Heute haben wir etwas ganz Besonderes vor: Die Cessna 210 nimmt Fahrt auf, und 300 PS bringen uns in den Himmel über der Namib.

Am Horizont das milchige Blau des Himmels, das die Sandtöne überschreibt. Unter uns vereinzelte Bäume im ausgetrockneten Flussbett, die Mensch und Tier Schutz vor der sengenden Hitze bieten. Wir erblicken den Kuiseb Canyon. Schroffes Schiefergestein und weicher Kalkstein teilen die Wüste. Richtung Südwesten leuchten die hohen Dünen in sattem Orange, der Farbe der Namib.

Wir überfliegen das Sossusvlei. „Vor drei Monaten stand hier noch Wasser!", erzählt uns der Pilot. Nun erscheint das Flussbett wie verwaschene, weiße Schlieren auf hellgrauem Grund. Der Schatten unserer Cessna gleitet über die Sandberge, und wir nehmen Kurs auf die Küste. Im Sand liegen die Überreste eines Bootes, als hätte es jemand aufs Trockene gezogen. Dann sind wir über dem Meer, sehen Hunderte von Seehunden an der Küstenlinie. „Sieh mal, ein Wal!" Aufgeregt deute ich aufs Meer. Auch aus 100 m Höhe ist sein

Nach dem Flug über die Namib sprechen die beiden bei einem Kaffee im „Slowtown Coffee Roasters" über ihre Erlebnisse.

AIDA WISSEN

AIDA BAR

An keinem anderen Ort an Bord kann man das AIDA Gefühl besser erleben als hier. Die sternförmige Bar ist ein Klassiker und Treffpunkt für alle, die gern in gut gelaunter Runde plaudern, tanzen und feiern. Daher kommt auch ihr inoffizieller Name: Sternenbar. An einem der längsten Bartresen der Weltmeere kann man aus einem verführerischen Getränkeangebot wählen, und abends sorgen Live-Bands für Stimmung.

Umriss riesig. Wow! Das Delta von Sandwich Harbour ist dann voller rosa Tupfen: Flamingos! Kurz darauf die bunt schillernden Salzbecken der Walvis Bay, Bohrinseln im Meer und die Hafenanlagen der Stadt: Namibia im Aufbruch.

Nach dem Flug brechen wir nach Swakopmund auf. Dort flanieren wir durch die Straßen und über die Strandpromenade, ein herausgeputztes Stück Kolonialgeschichte im Zuckerbäckerstil. Bei einem Kaffee im „Slowtown Coffee Roasters" landen wir langsam wieder auf dem Boden der Tatsachen.

Am Abend halten wir an einem Dünenkamm und erklimmen mühsam einen der hohen Sandberge. Was für ein Ausblick: Sanddünen, so weit das Auge reicht. Und Stille. Das große Nichts, das kein Nichts ist. Wieder unten entdecken wir viele kleine Biotope: Auf den begrünten Minihügeln leben die „Little Five" der Namib: Es gibt die Afrikanische Radspinne, den Palmato-Gecko, das Namaqua-Chamäleon, die Düneneidechse und die Zwergpuffotter! Sehr giftig! Vor uns hüpft eine Schlange seitwärts durch den Sand. Sie ist kaum länger als meine Hand. Ich trete einen Schritt zurück. „Die Wüste lebt", murmelt Gerald.

TIPP

Der höchste Sandberg in der Gegend heißt Dune 7. Er liegt etwa 13 km von Walvis Bay entfernt und bietet einen wunderbaren Blick über die endlosen Weiten der Namib.

NICHT VERPASSEN
Walvis Bay

WILDLIFE-TOUR Bis zu 50 000 Flamingos versammeln sich in der **Flamingo Lagoon** in der Walvis Bay, bevor sie am Ende der Regenzeit zu ihren Brutstätten aufbrechen. Aber nicht nur die rosa Farbtupfer sieht man entlang der Küste, sondern auch Pelikane, Krickenten, Säbelschnäbler und noch ganz viele andere Vögel.

NAMIB-NAUKLUFT-NATIONALPARK Die älteste Wüste der Welt, die Namib, sowie die **Naukluftberge** beheimatet der größte Nationalpark Afrikas. Walvis Bay ist einer der besten Ausgangspunkte, um die spektakuläre rostrote Landschaft mit ihren Wildpferden zu entdecken.

MIT DEM KAJAK UNTERWEGS In der Bucht vor der Stadt gibt es die Möglichkeit, mit dem Kajak auf Tierbeobachtungstour zu gehen. Hier paddelt man gemütlich an neugierigen Robben vorbei und kann mit etwas Glück sogar Delfine und Buckelwale entdecken.

Etliche Flamingos überwintern in der Walvis Bay.

Die Wüste zwischen Swakopmund und Walvis Bay wird als Zentralnamib bezeichnet.

MORGENMENSCHEN UND BORDLICHTER

„Die Wüste war großartig", seufze ich glücklich. Bei Kaffee und Kuchen in der AIDA Bar lassen wir den Atlantischen Ozean an uns vorbeiziehen. In unseren Köpfen noch immer die Bilder von rotgoldenen Sandbergen, die mit dem Wind ihre Form ändern. Sanfter Wind, der den Sand kräuselt und nun das Meer zu kleinen Wellen aufbaut.

Heute feiern wir uns und unsere Reise. Für den Abend haben wir einen Tisch im Selection Restaurant reserviert. Wir gönnen uns ein Glas Champagner und ein elegantes Dinner, unserer Reise angemessen.

Mein letzter morgendlicher Spaziergang über Deck 10. Das mittlerweile kleine Ritual werde ich vermissen. Die Frühaufsteher:innen treffen sich in der Anytime Bar – Kaffee ab 6 Uhr mit nun vertrauten Gesichtern. Putzmunter grüßen das Paar aus Sachsen und Petra aus Oberfranken, eine Bekanntschaft vom Ausflug nach Durban. Ich wandere in Richtung Pooldeck, dann auf Deck 11. Ein Jogger läuft vorbei und nickt mir zu. Noch einmal schaue ich über den Bug unserer AIDAaura und werde ein bisschen wehmütig.

In der Nacht geben Möwen dem Schiff Geleit. Weiß aufleuchtend vom Bordlicht, segeln sie im Fahrtwind in der lauen Nachtluft. AIDAaura nimmt Kurs zurück auf Kapstadt. Die Metropole am Fuße des Tafelbergs empfängt uns meisterhaft.

→ À-la-carte Restaurant

Erstklassige Köstlichkeiten aus aller Welt werden mit erlesenen Getränken serviert.

KAPSTADT: KAP DER GUTEN HOFFNUNG

Bereits früh am nächsten Morgen fährt uns der Bus von Kapstadt aus über den Chapman's Peak Drive Richtung Kap der Guten Hoffnung. Die Küste ist atemberaubend schön und ein bisschen furchterregend. Das Kap der Guten Hoffnung ist natürlich für alle ein Erlebnis!

Das echte Kap-Feeling bekommen wir aber am New Cape Point Lighthouse. Der Wind bläst so stark, dass das Fotografieren zur echten Herausforderung wird. Und was er mit meinen Haaren anstellt! Eine nette Dame sieht mein Gesicht und meint nur: „Das macht

Auf zum Kap der Guten Hoffnung! Bei der Wanderung zur legendären Landspitze eröffnet sich ein herrlicher Blick. Im Zeitz MOCAA befindet sich die weltweit größte Ausstellung zur afrikanischen Gegenwartskunst.

doch nichts! Das ist „windy style!" Gut, dass die Frisur nun einen tollen Namen hat.

Unser persönliches Highlight an diesem Tag ist der Botanische Garten Kirstenbosch in Kapstadt. Hier könnten wir locker noch mehr Zeit verbringen. Und das liegt nicht nur an der üppigen Pflanzenpracht und der wunderschönen Parkanlage. Besucher:innen sitzen lesend oder schwatzend im Park, und das Betreten der Rasenflächen ist ausdrücklich erwünscht. Wir genießen die beeindruckende Atmosphäre. An diesem Sonntag erklingt Musik, und kleine Grüppchen mit Picknickdecken und Körben wandern zur Konzertwiese. Es sind die Tage der Summer Sunset Concerts, die jedes Jahr von Ende November bis Anfang April stattfinden. Man sollte nur rechtzeitig buchen, um noch ein Plätzchen zu erhaschen.

„Welcome to our home", begrüßt uns ein Museumswärter herzlich im Zeitz MOCAA. Das absolut sehenswerte Museum für moderne afrikanische Kunst residiert in einem umgebauten Silo an der Waterfront. Nebenan in der charmanten Rooftop Bar des Silo-Hotels wollen wir unseren Abschied von Südafrika und dieser aufregenden Stadt feiern. Von hier haben wir einen fantastischen Blick auf AIDAaura, die City-Skyline und den Tafel-

Im Two Oceans Aquarium befindet sich die „Galerie der Jäger", deren Tank 2 Mio. Liter fasst. Hier schwimmen Haie und Rochen durchs Wasser.

berg. Doch noch bevor unser Cocktail Easy Breezy auf dem Tisch steht, fängt es heftig an zu gewittern. Ein echtes Feuerwerk.

AUF AIDASEHEN!

Von den luftigen Höhen des Tafelbergs tauchen wir am letzten Tag in die Meereswelten des Two Oceans Aquarium an der Waterfront ein. Dort gibt es eine erneute Begegnung mit den afrikanischen Pinguinen, den niedlichen Stinkern. Ich erkenne sogar das griesgrämige Fischgesicht des Poenskop zwischen Rochen und Haien! Faszinierendes Tier! Mein Ärger über den Plastikmüll in den Meeren wird gespiegelt in einem riesigen Walskelett aus Plastikflaschen.

Der beeindruckende Kelp Forest ist mein ganz persönliches Highlight im Aquarium. Künstliche Wellen bewegen den lichten Algenwald, durch den die Fische streifen. Zum Meer im Allgemeinen und zu Algen im Besonderen habe ich auf dieser Reise eine noch innigere Beziehung bekommen. Ich empfinde es als Geschenk. Danke, Südafrika und Namibia! Danke, AIDAaura!

IM GESPRÄCH ...

... mit der AIDA Weltreise-Reporterin

Hat dich schon als Kind das Fernweh gepackt?
Bei meiner ersten Kreuzfahrt war ich fünf. Meine Familie war immer total AIDA affin – das ist dann auch meine Leidenschaft geworden. Ich fühle mich wohl auf einem Schiff und dem Meer.

Wie bist du dann zu AIDA gekommen?
Ich habe eine Ausbildung im Reisebüro als Tourismuskauffrau gemacht. Auf unsere Kreuzfahrtgäste war ich immer ein wenig neidisch. Nach der Ausbildung habe ich mich bei AIDA beworben und bin direkt an Bord gegangen.

... und dann hat AIDA den Job für eine:n Weltreisereporter:in ausgeschrieben.
Die ersten zwei Jahre bin ich als Scout gefahren. Ich begleitete Ausflüge und postete nebenbei Bilder und Videos für meine Freunde und Familie auf Social Media. Dann kam die Stellenausschreibung. Ich dachte: Das ist genau meins! Noch in der Nacht schrieb ich die Bewerbung und schickte sie am nächsten Tag los.

Hast du beim Weltreise-Kofferpacken etwas vergessen?
Tatsächlich nichts. Natürlich habe ich eine Liste. Irgendwann wird man zum Kofferpackprofi.

Kannst du einem Kreuzfahrtneuling drei Tipps geben, was man unbedingt an Bord tun sollte?
Sich auf die Seetage einlassen und entspannen. Manchmal ist der Weg das Ziel. Bei den AIDA Aktionen Leute treffen. Viele Gäste schließen so Freundschaften. Das Tagesprogramm in der AIDA Heute ansehen: Was gibt es an Shows, Vorträgen und Rabatten?

Hast du einen Lieblingsplatz an Bord?
Definitiv die Ocean Bar, da kann man so schön auf die Heckwellen schauen. Nachmittags hole ich mir da einen Kaffee, schreibe an meinem Blog oder schneide die Videos. Abends gehe ich gern Party machen in der Anytime Bar. Da hatte ich die besten Zeiten und Gespräche.

Welche drei Bordprogramme sollte man testen?
Ins Fitnessstudio gehen, zu Tanzkursen oder zum Yoga. Einfach mal zwanglos etwas ausprobieren. Vor allem die Mottopartys wie die Silent Partys mit den Kopfhörern finde ich immer großartig. Oder Alpenglühn auf dem Pooldeck, ein bisschen Heimat für mich. Ich bin ja aus München. Mein Favorit ist „The Voice of the Ocean". Als Hobbysänger:in kann man vor einem großen Publikum singen, das habe ich früher selbst mal gemacht. Jetzt durfte ich als Weltreisereporterin in der Jury sitzen. Das ist eine tolle Show.

Hat die Weltreise neue Interessen geweckt?
Skripts fürs AIDAradio schreiben und Interviews führen sind etwas Neues – das macht mir gerade viel Spaß. Auch kulinarisch entwickle ich mich weiter. Zu Anfang der Reise habe ich in Spanien Guacamole probiert, seitdem mag ich Avocados.

Sarah Bernauer war als Weltreisereporterin 117 Tage vom 26.10.2022 bis 20.02.2023 mit AIDAmar unterwegs.

Wenn du einen Tag auf der Reise zusätzlich haben könntest, wo wärst du gern länger geblieben?
In Fremantle in Australien. Ich bin von dort nach Rottnest Island zu den Kurzschwanzkängurus, den süßen Quokkas, gefahren.

Und wo möchtest du wieder hin?
Nach Feuerland und Patagonien. Da kam ich aus dem Staunen nicht raus. Ushuaia ist so schön.

Welches Reiseziel hat dich überrascht?
Puerto Montt in Chile war einer der landschaftlich schönsten Häfen für mich. Ich bin sehr dankbar, dass ich dort durch diese Weltreise hingekommen bin.

Musstest du einmal bei einem Ausflug richtig lachen?
Wir waren im Geländewagen auf Safari. Dann kamen wir an ein Wasserloch. Alle waren leise, um ja nicht die Löwen zu verscheuchen. Und plötzlich singt ein kleines Mädchen „Hakuna Matata". Die Mutter hat die ganze Zeit „pscht, pscht, pscht" gemacht. Wir mussten uns alle so zusammenreißen. Das werde ich nie vergessen.

Welche Gerüche sind in deinem Kopf geblieben?
Auf Tahiti haben wir uns Frangipani-Blüten hinters Ohr gesteckt. Diese Blüten riechen so gut. Bei diesem Duft bin ich in meinem Kopf wieder auf Tahiti.

Wie ist es, so lange auf Reisen zu sein?
Heimweh bekomme ich nicht. Ich genieße es gerade, dass die ganze Welt mein Zuhause ist und ich überall Freund:innen habe. Irgendwann kommt sicher der Punkt, wo man dann fest ankert. Im Moment ist es eher so: Wenn ich zu lange an einem Ort bin, vermisse ich das Reisen.

Hast du auf deiner Reise Freundschaften geschlossen? Gibt es eine Art „Bord-Familie"?
Man hat schon seine AIDA Familie. Und das ist sehr schön. Normalerweise ist das nur die Crew, aber bei einer Weltreise sind das auch Gäste. Und es ist schwierig, diese kleine Blase, die man sich hier aufbaut, dann zurückzulassen.

Auf Weltreise ist es also noch einmal anders?
Ich kann an einer Hand abzählen, mit wie vielen Menschen ich mich in den letzten Monaten länger unterhalten habe, die nicht gerade auf einer Weltreise sind. Es fühlt sich für uns fast normal an. Trotzdem, so ein Traumjob auf einem Schiff ist etwas Einzigartiges. Mehr von mir und meinen Erlebnissen sind auch in den zahlreichen Vlogs und Blogs zu finden.

Hallo, Südamerika

Von Tango, wuseligen Großstädten und viel Grün bis hin zu Gletschern vor den Toren der Antarktis: Die Städte Südamerikas zeigen sich in den unterschiedlichsten, spannenden Gewändern.

Die Häuser von La Boca wurden mit Schiffslack angemalt und sind ein Kunstwerk für sich!

Buenos Aires gilt als Geburtsstadt des Tangos, der im 19. Jahrhundert entstand.

Buenos Aires

TANGO IN LA BOCA Zwischen kunterbunten Wellblechhäusern schlendert man die Gasse **Caminito** im Stadtviertel La Boca entlang, weicht Fußball spielenden Kindern aus und entdeckt einzigartige Street-Art. Das besondere Highlight ist der Tango, den die Menschen hier lieben.

OPERNHAUS MIT BEDEUTUNG Das **Teatro Colón** ist für Künstler:innen oft das Sprungbrett auf die großen Bühnen der Welt. Nicht nur die Aufführungen gehen unter die Haut, sondern auch das Ambiente ist wunderschön. Die Kronleuchter in der goldenen Haupthalle lassen den beeindruckenden Ort noch mehr leuchten, und auch der große Saal ist sehenswert.

LETZTE RUHESTÄTTE Auf dem Friedhof **La Recoleta** sind zahlreiche Persönlichkeiten wie die Präsidentengattin Eva Perón beerdigt. Im vorwiegend neoklassizistischen Stil finden sich prunkvolle Denkmäler und Mausoleen, die sich an Pracht nur so überbieten. Im gleichnamigen Stadtviertel ist man dann auch bei den Reichen angelangt, zu erkennen an den pompösen Gebäuden.

Rio de Janeiro

HIGHLIGHT-TOUR Bereits bei der Hafeneinfahrt grüßt der 396 m hohe **Zuckerhut** (port. Pão de Açúcar), eine spektakuläre Felsformation. Ein weiteres Wahrzeichen Rios ist die gigantische **Christusstatue**, die über der Bucht wacht. Nach dem Sightseeing genießt man im Stadtviertel **Copacabana** den schier endlosen Sandstrand.

SCHRILL, FARBENFROH UND LEBENDIG Vom hektischen Zentrum tuckert die Straßenbahn **Bonde** hinauf zur kunterbunten Welt des Viertels **Santa Teresa**. Hier gibt es tolle Street-Art zu entdecken sowie eine Treppe, die von zahlreichen Mosaiken geziert wird.

WILLKOMMEN IN DER ZUKUNFT! Die Architektur des **Museu do Amanhã** ist neofuturistisch und nachhaltig. Die Ausstellungen widmen sich genau diesen Themen: Nachhaltigkeit, Klimawandel, Umweltschutz und deren soziale Herausforderungen.

Das Museu do Amanhã beeindruckt mit seiner Architektur.
Die süßen Pelzrobben beobachtet man bei Ushuaia.

Ushuaia

FEUERLAND Im **Nationalpark Tierra del Fuego** gedeihen weite Wälder, stürzen sich Wasserfälle in die Tiefe und erheben sich Gletscher zwischen Flüssen, Seen und Mooren. Mit der Eisenbahn **Ferrocarril Austral Fueguino** gelangt man zu den Inseln.

EINSTIGE GEFÄNGNISINSEL Das **Museo Marítimo de Ushuaia** ist eine ehemalige Haftanstalt und beheimatet vier Museen. Das Schifffahrtsmuseum informiert über die Seefahrtsgeschichte und das Gefängnismuseum über die einstige Strafkolonie. Das Antarktische Museum wandelt auf den Spuren der Antarktisexpeditionen, und das Museum der Schifffahrtskunst stellt Kunst zum Thema aus.

AUF ZUM GLETSCHER! Bei einer 6 km langen Tour (hin und zurück) kann man von Ushuaia aus zum **Martial Glacier** wandern. Entlang brausender Bäche lässt sich die tolle Natur und oben angekommen, ein atemberaubender Ausblick genießen.

Hinter Rio de Janeiro erstreckt sich der Nationalpark Tijuca. Von dort hat man einen atemberaubenden Blick über die Stadt bis hin zur Christusstatue und zum Zuckerhut. Das Waldgebiet ist inzwischen UNESCO-Welterbe. Bei einer Wanderung zu seinen Wasserfallen lassen sich mit etwas Glück Kolibris, Leguane und Nasenbären entdecken.

Reise ins Morgenland

Der Indopazifik – wo sich der Indische und der Pazifische Ozean treffen: Hier liegen Metropolen der Superlative, bildschöne Inseln und bezaubernde historische Orte, die Reisende in ihren Bann ziehen.

Reisetagebuch:
„Alte Freunde, neue Entdeckungen"
ab Seite 192

Indopazifik *Häfen*

HÄFEN DER REISEROUTE

WEITERE SPANNENDE AIDA HÄFEN

Perlen des Orients

Zwischen Moderne und Tradition: Mit AIDAcosma bereisen die Freunde Jeanette und Frank gemeinsam den Orient und lassen sich unterwegs von glitzernden Märkten, hohen Wolkenkratzern und der dunklen Wüste verzaubern.

Einmal den Orient erleben! Davon träume ich, seit mein Kumpel Frank auf einer Reise in der arabischen Welt unterwegs war und nicht mehr aufhört, begeistert davon zu erzählen. Der Geruch nach Gewürzen, das bunte Treiben auf den Märkten, Palmen, Moscheen, eine spannende, mir völlig unbekannte Kultur und Religion – das alles kann er ziemlich gut vor meinem inneren Auge heraufbeschwören. Da will ich hin, unbedingt und zwar bald!

Dann kommen viele Dinge überraschend zusammen: mein üppiger Resturlaub, die Familie, die erst wieder in den Ferien verreisen kann, der graue November und ein verlockendes Angebot. Frank hat auch ein paar Tage frei und schlägt vor, dass wir nach Dubai reisen und dort auf AIDAcosma steigen. Ohne selbst viel organisieren zu müssen, könnten wir den Arabischen Golf kennenlernen und uns gleichzeitig auf AIDA verwöhnen lassen. Ich muss einfach mal wieder raus, durchatmen, etwas anderes sehen – ich fahre mit!

AHLAN WA SAHLAN – WILLKOMMEN IN DUBAI

Die Stadt der Superlative empfängt uns mit wohligen 26 °C und Sonnenschein. Auf der Busfahrt vom Flughafen zum Cruise-Terminal drücken wir unsere Nasen an den Fensterscheiben platt. Mir war nicht klar, dass wir in die Zukunft aufgebrochen sind. Wir erhaschen einen Blick auf den Burj Khalifa, der mit seinen 828 m schlank wie eine Riesennadel in den Himmel pikst, und auf das Burj Al Arab, die weltbekannte Ikone des arabischen Hotelluxus, in der eine Übernachtung locker 1100 Euro kostet, dafür aber das Versprechen einer Märchenwelt aus 1001 Nacht erfüllt.

→ Seite 196

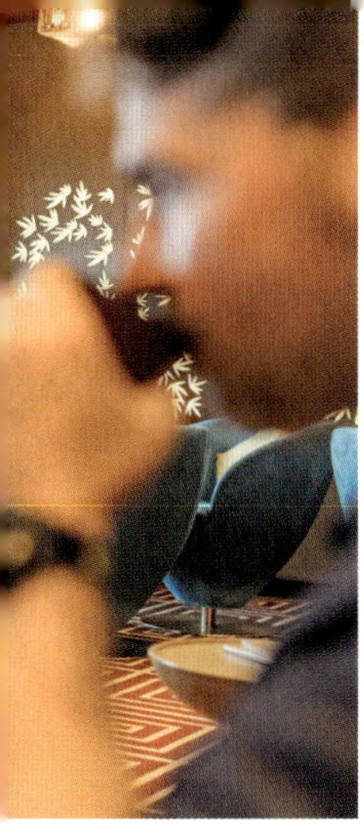

Jeanette und Frank sind schon sehr lange befreundet und genießen zusammen gern gutes Essen und leckere Drinks.

Dubai Creek – so heißt der breite Fluss, der sich durch die wunderbare Altstadt schlängelt. Das Burj Al Arab steht da wie ein Segel einer modernen Yacht im Wind: Der Bau wurde zur Architekturikone Dubais.

City of Gold: Auf Dubais Gold-Souk im Stadtteil Deira gibt es alles, was glänzt.

NICHT VERPASSEN

Dubai

1| DUBAI SPICE SOUK Auf dem bekannten Gewürzbasar locken Gewürze und Kräuter, die sich in Dutzenden Körben aufeinanderstapeln. Es duftet z. B. nach „Zatar", einem Mix aus Thymian und Sesam, und nach dem süßlichen „Bakhoor" aus verbrannten Adlerholzspänen. Gleich nebenan liegt der glitzernde **Gold-Souk**.

2| AL SEEF Das Stadtviertel am Ufer des Dubai Creek lädt zu einem kulturellen Spaziergang ein. Es wurde 2017 offiziell eröffnet und hat seine Wurzeln in der **Perlenfischerei**. Deshalb finden sich zwischen der modernen Architektur auch historische Gebäude sowie die traditionellen Windtürme, die zur natürlichen Belüftung der Häuser dienen.

Die traditionellen Gebäude der Altstadt stehen in Kontrast zu den modernen Wolkenkratzern.

TIPP

Ein unvergessliches Essen: An einem Kran schwenkt der Tisch beim „Dinner in the Sky" mit seinen Gästen in 50 m Höhe über der Stadt. Neben den köstlichen Gerichten genießen Abenteuerlustige eine herrliche Aussicht.

3| DUBAI FRAME Der 150 m hohe „Bilderrahmen" ist ein faszinierender Anblick. Der Querbalken bildet eine Brücke, die die Besucher:innen in der Luft „schweben" lässt. Von dort bietet sich eine hervorragende Sicht auf die modernen Wolkenkratzer im Süden, aber auch auf die historischen Viertel im Norden. Im Inneren befindet sich ein Museum zur Geschichte der Stadt.

4| DUBAI MALL Bei ihrer Eröffnung 2008 war das Einkaufszentrum das größte der Welt. Mit Weltrekorden geht es weiter: Eines der größten Aquarien, der **Dubai Aquarium & Underwater Zoo**, befindet sich in der Mall. Dahinter steht das höchste Gebäude, der **Burj Khalifa** (828 m).

5| DUBAI MIRACLE GARDEN Blumen in der Wüste! Ein Schloss aus Hecken, ein gigantisches und mit Pflanzen überwachsenes Flugzeug oder überdimensionale Tiere: Der Dubai Miracle Garden ist einer der weltweit größten Blumenparks.

Der Dubai Miracle Garden könnte mit seiner spektakulären floralen Kunst direkt aus „Alice im Wunderland" entsprungen sein.

AIDA WISSEN

GREEN CRUISING

Bereits seit vielen Jahren setzt AIDA Cruises sich für den Schutz der marinen Ökosysteme ein und arbeitet an einem sparsamen Umgang mit Ressourcen sowie an neuen, emissionsneutralen Antriebstechnologien. Beispielsweise gelangen von den Schiffen keine unbehandelten Abwässer ins Meer, denn an Bord werden biologische Membrankläranlagen benutzt. Diese erreichen einen Abwasserreinheitsgrad, der selbst von zahlreichen Klär- und Reinigungsanlagen an Land nicht erzielt wird. Wo vorhanden, nutzen wir grünen Landstrom während der Hafenliegezeit und reduzieren unsere Emissionen somit nahezu auf null. AIDAprima verfügt über das derzeit größte maritime Batteriespeichersystem und ist das erste Schiff, auf dem Biokraftstoff eingesetzt wurde. Außerdem sind mit AIDAnova und AIDAcosma zwei Kreuzfahrtschiffe unterwegs, die mit emissionsarmem Flüssigerdgas betrieben werden können.

Unser Zuhause für die kommenden sieben Tage liegt vor der atemberaubenden Skyline Dubais im Hafen. AIDAcosma passt gut hierher, sie ist ebenfalls eine moderne Architekturperle, wenn auch ein kleine im Vergleich. Ich bin gern so nah wie möglich am Wasser, wo ich die Kraft und Energie des Meeres spüren kann. Frank dagegen liebt den weiten Blick, den die Kabinen weiter oben bieten. Deshalb beziehen wir unsere Zimmer auf unterschiedlichen Etagen, aber am selben Treppenaufgang. Nach dem Kofferauspacken gönnen wir uns einen Drink in der Ocean Bar und genießen die unglaubliche Aussicht auf die Silhouette von Dubai.

→ **Ocean Deck**
Der Infinity-Pool sowie der Ocean View mit 270-Grad-Panorama aufs Meer bieten den perfekten Ort, um die Seele baumeln zu lassen.

LEBHAFTE TRADITION

Tausende Möwen kreisen über uns. Was für einen Lärm sie machen! Der Dubai Creek ist ein Meeresarm, der 14 km in die Wüste hineinreicht, und seit Generationen die Lebensader Dubais. In den historischen Stadtteilen links und rechts pulsiert noch immer das Leben der alten Handelsstadt, arabisch und kosmopolitisch zugleich. Die Stationen der traditionellen Abra-Taxiboote klingen wie aus „1001 Nacht": Baniyas, Al Sabkha, Dubai Old Shindagha. Mit unserem Guide tauchen wir in die Welt der Souks (der Märkte) ein. Und Frank hat nicht zu viel versprochen – die Gerüche und Farben auf dem Gewürzmarkt sowie der glänzende Gold-Souk sind unglaublich.

SANDIGE WEGE

Auf die Wüste Al Khatim sind wir sehr neugierig. Obwohl wir eigentlich schon mittendrin sind – Dubai ist ja komplett auf Sand gebaut –, sehen wir sie erst, als unser Fahrer Nadir den starkmotorigen Allradgeländewagen etwas außerhalb der Stadt in eine orange-braune Welt steuert. Wir rasen durch den meterhoch aufwirbelnden Sand steile Dünen hinauf und hinunter und werden ordentlich durchgeschüttelt. Das ist nichts für schwache Nerven, mindestens fünfmal bin ich sicher, dass wir umkippen werden. Dagegen ist mein Ritt auf einem Dromedar wenig später ein gemütlicher Spaziergang, und beim Sandboarden haben wir wirklich viel Spaß. Frank stellt sich richtig gut an, offensichtlich hat er die Winterurlaube unserer Jugend gut genutzt und solide snowboarden gelernt. Wir genießen das Abendessen, die Shows eines Feuerspuckers und einer Bauchtänzerin im Sahara Desert Camp, und meine Hand ziert nun ein wunderbares Henna-Tattoo. Vor dem Heimweg laufe ich noch etwas in die stockfinstere Wüste hinaus und stehe dann gebannt unter dem weiten Sternenhimmel.

ARCHITEKTURRAUSCH IN ABU DHABI

Dann fährt AIDAcosma weiter in die nächste Megametropole, nach Abu Dhabi – Hauptstadt der Vereinigten Arabischen Emirate. Sie liegt nur 81 Seemeilen entfernt, also etwa 150 km.

Frank ist fast schon Profi im Sandboarden in der Wüste. Am Abend genießen er und Jeanette ein fantastisches Barbecue unter dem Sternenhimmel und erhalten Einblicke in die Lebensweise der Beduinen.

TIPP

Yas Island (etwa 35 Fahrtminuten von Abu Dhabi entfernt) besteht aus riesigen Themenparks wie Warner Bros. World™ Abu Dhabi, Ferrari World, Yas Waterworld und so vielem mehr!

NICHT VERPASSEN *Abu Dhabi*

JUBAIL MANGROVE PARK Kontrastreich stechen die Mangroven aus dem türkisblauen Wasser hervor. Sie haben sich an das Leben im Salzwasser angepasst. Auf Holzstegen können Besucher:innen durch den Park wandern und die Bäume bewundern, die hier gute Bedingungen vorfinden.

LOUVRE ABU DHABI Die Kuppel des Kunstmuseums auf der Museumsinsel Saadiyat Island wird von 8000 netzartigen Metallsternen überdeckt und das Innere mit wunderbarem Licht durchflutet. Die Sammlung selbst imponiert mit Werken von Giovanni Bellini, Paul Gauguin und Pablo Picasso.

HERITAGE VILLAGE Ein Blick in die Vergangenheit bietet das Freilichtmuseum bei der Marina Mall. Es zeigt ein rekonstruiertes Dorf aus der Zeit vor dem Ölboom. „Zeitreisende" können durch das traditionelle Wüstencamp schlendern, Kunsthandwerker:innen bei der Arbeit zuschauen und im Shop Gewürze oder Souvenirs kaufen.

Mangroven sind den Gezeiten ausgesetzt und müssen mit Trockenperioden auskommen. Deswegen haben sie sich sogar mit dem Salzwasser arrangiert.

Im Qasr Al Watan sind drei aus arabischen Wörtern bestehende Skulpturen des Künstlers Mattar bin Lahej ausgestellt. Brot der Wüste: Datteln sind reich an Kohlenhydraten und gelten als Grundnahrungsmittel im arabischen Raum.

Qasr Al Watan, erst seit wenigen Jahren für die Öffentlichkeit zugänglich, ist ein Teil des Präsidentenpalasts und zeigt den wahren Reichtum von Abu Dhabi. Durch ein gigantisches Eingangstor sind wir hineingekommen, und nun stehen wir inmitten eines unendlich scheinenden, durch verschiedene Mosaike in Hellblau, Gold und Weiß verkleideten Raumes und können die enorme Größe und Schönheit gar nicht erfassen. Noch nie habe ich derart faszinierende und harmonisch gestaltete Räume gesehen! Hunderte Kilogramm Gold sind hier verbaut, der Kronleuchter allein wiegt sechs Tonnen. Ganz ehrlich, nachdem wir zuvor die Scheich-Zayid-Moschee aus weißem Marmor mit ihren 40 Kuppeln und Platz für 40 000 Gläubige besucht und ihre anmutige Spiegelung im Wasser bestaunt hatten, haben wir nicht mit einer Steigerung dieser Art gerechnet. Noch Tage danach schwärmen wir beide von diesen Orten.

SCHLEMMEN NACH LUST UND LAUNE AUF AIDACOSMA

Nach so vielen Erlebnissen an Land brauchen wir eine Pause und genießen unsere Kussmundschönheit. Wir schlemmen im Markt Restaurant, unserem Lieblingsfrühstücksort, leckere Croissants und frisch zubereitete Omeletts, telefonieren mit unseren Familien und liegen später faul in der Sonne an Deck. Dann kehrt unsere Entdeckerlust zurück. Für die heiß begehrte Küchenführung, die einen Blick hinter die Kulissen erlaubt, ergattern wir zwei Plätze und steigen mit Souschef Peter hinab in die Tiefen des Schiffs. „4500 Brötchen werden in der Schiffsbäckerei täglich aus den Öfen geholt! Alles ist frisch, Gemüse und Obst, aber auch die Soßen und Gewürzmischungen", erklärt er uns. In einem riesigen Topf wird die AIDA Grundsoße gerührt. Ihre streng geheime Rezeptur sorgt bei zahlreichen Gerichten für einen angenehm würzigen Geschmack.

„Mmh! Das hat Suchtpotenzial!", meint Frank. An verschiedenen Stationen bereiten fleißige Küchenhilfen Desserts, Salate, kalte Platten oder Fleisch zu. Mit feinsten Häppchen aus der Rossini Küche werden wir verabschiedet. „Einfach köstlich!", finde ich.

Kulinarisch frisch inspiriert, melden wir uns zur Kochschule an. Von den Köch:innen Viktoria und Sachin erfahren wir im Churrascaria Steakhouse viel über die Fleischzubereitung. Frank ist leidenschaftlicher Koch und hört aufmerksam zu, als die verschiedenen Rindfleischarten vorgestellt werden. Für mich ist die Verkostung von Bison und Wagyu ein echtes Highlight. Die Zartheit und der Geschmack des Wagyu-Fleisches sind unglaublich. Abends erobern wir die diversen Bars und können uns nicht entscheiden, ob in der Rossini Bar oder in der Tokyo Bar die Cocktails besser sind.

→ **Kochschule**

Rezepte zu verschiedenen kulinarischen Themen verraten Profiköch:innen bei der Kochschule.

SIR BANI YAS

Aus dem Wüsteneiland machte Staatsgründer Scheich Zayid bin Sultan Al Nahyan eine Art Arche Noah für bedrohte Tiere der Arabischen Halbinsel. Er ließ Sir Bani Yas ab 1970 mit erheblichem Aufwand begrünen, um einen Lebensraum für die Tiere zu schaffen. Unser Ausflug in diese Tierwelt startet kurz vor Sonnenaufgang, und wir bekommen Gazellen, Giraffen und sogar Geparden zu sehen. „So nah bin ich Giraffen in freier Wildbahn noch nie gekommen", freut sich Frank. Hier lebt auch die weltweit größte Herde der Arabischen Oryxantilopen, mehrere hundert sollen es sein.

Anschließend gönnen wir uns in einer der Cabanas am Strand eine Auszeit. Einfach mal die Füße hochlegen, ein Gläschen Prosecco schlürfen und die Aussicht auf das Meer mit unserem Schiff im Hintergrund genießen. Auf dem exklusiven Strandabschnitt hat sich das Team von AIDAcosma richtig ins Zeug gelegt – ein vielfältiges Programm mit Silent Party, Sportkursen,

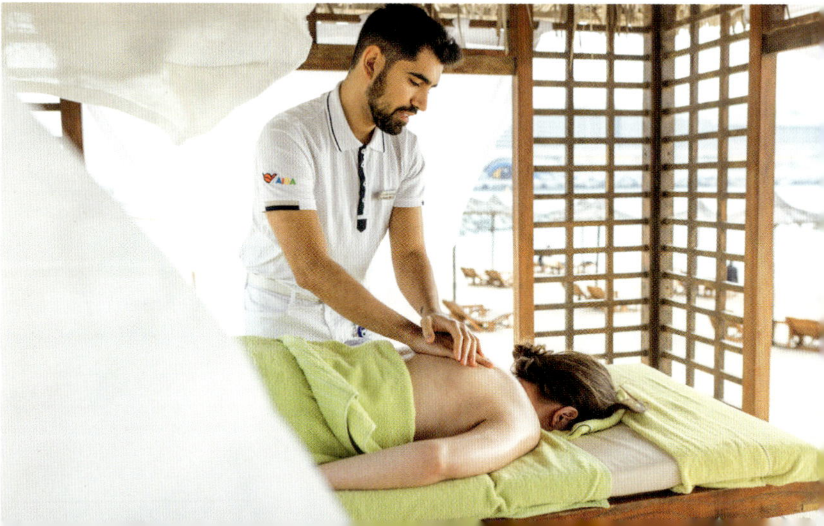

Bison, Wagyu, Angus: Beim Kochkurs erfahren die Freunde Interessantes zu Rindfleischarten und dürfen probieren. Am nächsten Tag entspannt Jeanette bei einer Massage am Strand von Sir Bani Yas.

IM GESPRÄCH …

… mit der Umweltoffizierin

Frau Müller, was macht eigentlich eine AIDA Umweltoffizierin?
Wir achten vor allem darauf, dass wir an Bord alle vorgeschriebenen internationalen, lokalen und natürlich unsere eigenen Umweltregularien erfüllen – wie beispielsweise, dass keine unbehandelten Abwässer ins Meer gelangen dürfen, bestimmte Grenzwerte für Schiffsemissionen nicht überschritten werden oder die anfallenden Wertstoffe für die Abgabe an Land richtig aufbereitet werden. Ein regelmäßiger und großer Bestandteil der Arbeit sind die Trainings mit der Crew. Wir schulen neue Kolleg:innen, informieren über geänderte Standards und wiederholen die Trainings in jedem Quartal, damit alle auf dem gleichen Stand sind.

Wie sieht Ihr typischer Arbeitstag aus?
In täglichen Meetings mit der Maschinen Crew klären wir anstehende Aufgaben und was beachtet werden muss, damit alles gemäß der Regularien umgesetzt werden kann. Danach gehe ich auf die Brücke, checke Logbücher und bespreche die Vorkommnisse der letzten Nacht. Vor eventuellen Trainings am Nachmittag stehen dann Rundgänge durch das Schiff und den Maschinenraum an. Zwischendurch muss ich u. a. die Umweltkennzahlen zur Auswertung an Land übermitteln und immer wieder hier und da verschiedene Stellen überprüfen.

Josephine Müller hat an der AIDA Academy Schiffsbetriebstechnik studiert und ist seit ihrem Abschluss im Jahr 2017 Umweltoffizierin bei AIDA.

Wie bereitet AIDA sich auf eine nachhaltige Zukunft vor?
Für uns gehört es dazu, sorgsam mit Ressourcen umzugehen. Um Abfälle im Hotel-, Gastronomie- und Schiffsbetrieb zu reduzieren, werden Einkaufs- und Verarbeitungsprozesse laufend optimiert. Das Buffet-Runner-System macht z. B. in den Restaurants ein gezieltes Mengenmanagement möglich: Nur benötigte Speisen werden ausgeliefert – oder erst auf Wunsch der Gäste an den Live-Cooking-Stationen der Buffet-Restaurants zubereitet. Neben der Vermeidung von Plastik- und Einwegartikeln ist unser Recycling-Center ein großer Pluspunkt. Hier bereiten wir gesammelte Wertstoffe an Bord auf, um sie an Land an zertifizierte Entsorgungsunternehmen abzugeben.

Faszination arabische Welt: Das Global Village Dubais begeistert Jeanette und Frank ebenso wie die riesigen Giraffen auf Sir Bani Yas.

Bars und leckerem Barbecue wartet auf uns und die anderen Schiffsgäste. Offensichtlich kann das AIDA Spa-Team Wünsche erraten: Es werden am Strand Massagen in offenen Pavillons angeboten! So etwas habe ich noch nie erlebt: massiert zu werden, während der Wind und das Meeresrauschen mich umhüllen. So tiefenentspannt war ich lange nicht.

ÜBERLEBENSKÜNSTLER

Und wieder tauchen wir ein in urbane Welten. AIDAcosma hat im Königreich Bahrain angelegt. Auf unserer Busfahrt durch die Hauptstadt Manama hören wir erst den Muezzin rufen und dann das Gebet der Gläubigen aus den Moscheen. Auf unserem Weg durch die Wüste, zum Tree of Life und weiter nach al-Muharraq, passieren wir kilometerweit aktive Ölförderanlagen mit brennenden Flammen in karger Landschaft. Dann plötzlich, an der Spitze einer Sanddüne, steht ein einsamer Baum. Weit und breit wächst hier nichts im Sand. Und doch hat der üppig verzweigte, knapp 10 m hohe Baum bereits rund vier Jahrhunderte überlebt.

MAJESTÄTISCHE SCHMETTERLINGE

AIDAcosma dreht wieder in Richtung Dubai. Wir besuchen den Butterfly Garden. Ich werde von einer Mitarbeiterin mit Schmetterlingen dekoriert, und Frank freut sich über die tollen Fotomotive. So riesige und wunderschöne Schmetterlinge kennen wir aus Europa nicht.

Unsere allerletzte Etappe führt ins Global Village, einen Freizeit- und Shoppingpark, in dem sich ganz Dubai trifft. Insgesamt 90 Pavillons aus verschiedenen Kulturen bieten typische Produkte und Leckereien. Wir verkosten ein persisches Schawarma, eine Art Hähnchenwrap, hören Musik aus aller Welt und sehen unterhaltsame Shows. Dann nehmen wir Abschied und genießen an Deck der festlich beleuchteten AIDAcosma den letzten Abend unserer spannenden und abenteuerlichen Orientreise vor der im Lichtermeer funkelnden Stadt.

NICHT VERPASSEN

Sir Bani Yas und Manama

STRANDVERGNÜGEN Ein sehr langer Steg führt die Kreuzfahrtgäste in etwa 10 Minuten Fußweg an einen eigenen paradiesischen Strand auf der Insel Sir Bani Yas. Hier laden Sonnenliegen zum Entspannen ein, und das wunderbare Wasser lockt zum Schwimmen. Daneben warten auch allerlei Aktivitäten wie geführte Kajaktouren.

Auf Sir Bani Yas erwartet die Gäste ein eigener Strandabschnitt mit zahlreichen Angeboten von Bord. Die 1987 erbaute Ahmed-al-Fatih-Moschee in der Altstadt Manama hat Platz für 7000 Gläubige.

AHMED-AL-FATIH-MOSCHEE Das prächtige Gebetshaus in Manama ist die größte Moschee von Bahrain und ihre Kuppel ist eine der größten der Welt. Die Hauptstadt Bahrains beheimatet zudem eines der renommiertesten Islammuseen unserer Zeit, das **Bait al-Qur'ān**. In der Bibliothek mit über 50 000 Büchern finden sich Schätze wie z. B. der kleinste und der älteste Koran der Welt.

AUF DEN SPUREN DER PERLEN Der 3,5 km lange Pfad der Perlenfischerei ist seit 2012 Welterbe der UNESCO: Am Strand der Insel al-Muharraq beginnt die Zeitreise. Sie führt durch die historische Altstadt und endet an der Festung **Qal'at Bū Māhir**. Wer mehr über die Perlenfischerei erfahren möchte, sollte das **Bahrain National Museum** besuchen.

TIPP

Arabischer Kaffeegenuss: In Manamas Kultur ist „Gahwa", wie der gewürzte Kaffee dort heißt, fest etabliert. Er wird traditionell mit süßen Datteln serviert, und man bekommt ihn überall.

Auf Saadiyat, einer Insel Abu Dhabis, entsteht das Kulturzentrum der Stadt. Dazu gehört auch das Kunstmuseum Louvre Abu Dhabi, das am 11. November 2017 eröffnet wurde. Der Gebäudekomplex ist einer arabischen Altstadt nachempfunden und wird mit einigen Wasserbecken ergänzt.

Strahlende Schönheiten

Zwei Städte, die unterschiedlicher nicht sein könnten: Sydney besticht mit Weltgewandtheit, wohingegen Port Louis seinen ganz eigenen französisch-afrikanischen Charme versprüht.

Didgeridoo: Etwa 3500 Jahre alte Felsmalereien belegen, dass das traditionelle Blasinstrument der Aborigines schon Jahrtausende alt ist.

Sydney

AUSTRALIENS WAHRZEICHEN Bereits das Dach des **Sydney Opera House**, das sich wie aufgeblähte Segel gegen den Wind aufbäumt, beeindruckt. Wer Konzerttickets ergattern möchte, sollte rechtzeitig buchen. Spannende Führungen gibt es über AIDA.

KUNSTFANS AUFGEPASST! Der Eintritt zu den allgemeinen Ausstellungen in der **Art Gallery of New South Wales** ist kostenlos. Das Museum zeigt Werke europäischer Maler:innen wie Pablo Picasso, aber auch australischer Künstler:innen wie Margaret Preston.

ABORIGINE-KÜSTENWANDERUNG Auf einer zweistündigen Tour entlang der Küste erklären Ureinwohner:innen die Natur, ihr Leben und ihre Geschichte. Diese ist über den Anbieter „Kadoo Tours" buchbar und startet in der Watson Bay im **Sydney Harbour National Park**.

„A SKY FULL OF STARS" So heißt das Lied, für dessen Musikvideo die Band Coldplay durch das bunte, hippe Universitätsviertel **Newtown** zog. Neben toller Street-Art gibt es hier auch kleine Plattenläden, alternative Buchhandlungen, Craftbeer-Brauereien sowie gute Bars.

Das Sydney Opera House gehört zum UNESCO-Welterbe und schmückt die Skyline der Stadt.

Siebenfarbige Erde: So wird das Naturphänomen vulkanischen Ursprungs in der Nähe von Chamarel bezeichnet.

Bilderbuchstrände: Auf der Île aux Cerfs fühlt man sich dem Paradies ein Stückchen näher.

Port Louis

LAVALANDSCHAFT MIT WOW-EFFEKT Der **Chamarel Seven Coloured Earth Geopark** im Südwesten von Mauritius besteht aus Lavahügeln, die aufgrund ihrer Umwandlung in Tonminerale in verschiedenen Farben schimmern (ca. 80 Fahrtminuten von Port Louis entfernt). Verknüpfen kann man diesen Ausflug mit dem **Chamarel-Wasserfall** und dem **La Vanille Nature Park**, einem Wildpark.

TRAUMSTRÄNDE Die Inselparadiese rund um Mauritius bieten wunderbare Strände. Einen der schönsten findet man auf der **Île aux Cerfs**, aber auch die **Île aux Bénitiers** und die **Île aux Aigrettes** bewahren ihre Schätze.

ZEITREISE Auf der Anlage **Domaine les Pailles** im Stil einer Plantage – unweit von Port Louis entfernt – tuckert eine Lok zur Zuckermühle, die nach alter Tradition das weiße Gold herstellt. Anschließend geht es weiter zur Rumdestillerie, wo eine Verkostung ansteht. Das Personal ist in historischen Kostümen gekleidet, und es fühlt sich wie eine Zeitreise an.

Sehnsucht nach Südost

Im früheren Hinterindien verbergen sich trubelige Hafenstädte, mit Dschungelflair, prächtigen Tempeln und ganz viel Geschichte.

„Himmelstreppen zu den Göttern" nennen Balis Einheimische die Tegalalang-Reisterrassen.

Der größte Streetfoodmarkt Phukets befindet sich in der Thalang Road. Dort gibt es z. B. köstliche frittierte Meeresfruchtbällchen und „Kanom Look Choup", eine Nachspeise aus Mungobohnen.

Phuket

WAT CHALONG Der Tempel gilt als größter, bedeutendster und aufgrund seiner Pracht als beeindruckendster auf der thailändischen Insel Phuket und liegt nur 10 km von der Hafenstadt entfernt. Vor dem Betreten muss man die Schuhe ausziehen.

IMMERGRÜNE OASE Der **Khao Phra Thaeo Nationalpark**, Phukets letzter ursprünglicher tropischer Regenwald, ist inzwischen ein Schutzgebiet. Es beheimatet kleine Wasserfälle und ein Rehabilitationszentrum für Gibbons, eine Affenart. Im Rahmen einer Führung kann es besichtigt werden.

OLD PHUKET TOWN Durch die Altstadt von Phuket schlängelt sich die **Thalang Road**. In den historischen Gebäuden, die sehr schön restauriert wurden, finden sich kleine Einkaufsläden und gemütliche Cafés.

Bali

TIEFGRÜNE FELDER Die **Tegalalang-Reisterrassen** auf Bali (etwa 50 km vom Hafen in Benoa entfernt) sind nicht nur die schönsten der Insel, sondern vielleicht sogar die prachtvollsten der Welt. Besucher:innen wandern entspannt entlang der grünen Idylle.

ZENTRALMARKT So lautet der Name der lebhaften Hauptstadt **Denpasar** übersetzt. Und der Name ist Programm! Die gigantischen Märkte vereinnahmen ganze Straßenzüge. Auf der **Mandarinenstraße** reihen sich z. B. nur Verkäufer:innen der orangefarbenen Zitrusfrucht, aber auch Tempel wie der **Pura Jagatnatha** laden zu einem Besuch ein.

KUNSTVOLL UND FARBENFROH Der buddhistische Tempel **Caow Eng Bio** ist einer der ältesten chinesischen Tempel auf Bali. Er strahlt in typischem Rot und Gelb. Wie alt er wirklich ist, ist bis heute ein ungelöstes Rätsel.

Palawan

INSELHOPPING Rund um die große philippinische Insel Palawan liegen zahlreiche kleinere, die auf Strandbesucher:innen warten. Von der Hafenstadt Puerto Princesa fährt man am besten zur rund 30 km entfernten Honda Bay. Dort setzen Boote zu **Cowrie Island** oder **Starfish Island** über – die perfekten Orte zum Baden und Schnorcheln.

GEHEIMNISVOLLE HÖHLENWELT Mitten im **Puerto-Princesa-Subterranean-River-Nationalpark** befindet sich eines der neuen sieben Naturwunder der Welt: Der 8 km lange **Puerto Princesa Underground River** kann auf einer Bootstour erkundet werden, die durch riesige Höhlen vorbei an Stalaktiten und Stalagmiten führt.

CROCODILE FARM Im **Palawan Wildlife Rescue and Conservation Center** in Puerto Princesa (14 km vom Hafen entfernt) leben über 1400 Krokodile sowie andere Tierarten wie Bartschweine und Palawan-Marderbären. Interessante Führungen finden halbstündig statt.

In China sind die Löwenfiguren Wächter: Im Tempel Caow Eng Bio befindet sich z. B. eine Mutter mit Jungtier.
Seit 1999 ist der Nationalpark Puerto Princesa UNESCO-Welterbe.

Kontrastvolle Kulturen

In Asiens Metropolen treffen Zukunft und Vergangenheit aufeinander: Modernste Gebäude, historische Tempel, alte Straßenzüge und kulinarische Versuchungen laden zum Erkunden ein.

Kulinarische Highlights: „Dumplings" sind gefüllte Teigtaschen, die man als Streetfood in Singapur, Tokio und Hongkong bekommt.

Singapur

SURREALE PALMEN In den **Gardens by the Bay** wachsen gigantische Kunstbäume in schwindelerregende Höhen. Riesige Glasgewächshäuser beheimaten bunte Orchideen, hängende Blumengärten und einen der größten Indoor-Wasserfälle der Welt. Von hier entfaltet sich ein toller Blick auf die Skyline.

KÖSTLICHE LECKEREIEN Im pulsierenden Stadtviertel **Chinatown** laden viele Streetfoodmärkte zu einer kulinarischen Reise durch die multikulturelle Weltstadt ein. Wie wäre es mit „Beef Brisket Noodles" bei „Fatty Ox HK Kitchen" oder „Dumplings" bei „Zhong Guo La Mian Xiao Long Bao"? Beide Stände befinden sich im „Chinatown Complexe Food Centre".

TRENDIGES VIERTEL Die älteste Wohnsiedlung Singapurs **Tiong Bahru** hat sich zum Treffpunkt der Generationen gemausert. In den schnuckligen Läden, gemütlichen Cafés und niedlichen Buchhandlungen kann man schnell die Zeit vergessen und die Stadt aus der Sicht der Bewohner:innen kennenlernen.

Die Kunstbäume von Gardens by the Bay. Tokios Takeshita-dōri wird von Jugendkulturen geprägt.

Tokio

JAPANISCHE NUDELSUPPE Im **Shin-Yokohama Ramen Museum** erfahren Besucher:innen Spannendes zur Geschichte des Gerichts und zu Tokios Nachbarstadt Yokohama. Sie können Kochkurse besuchen, Ramen probieren und Souvenirs kaufen.

OASE DER RUHE In der lebhaften Großstadt ist der Shintō-Schrein **Meiji-jingū** unweit des Bahnhofs Harajuku der ideale Platz für eine Pause. Umgeben von dichtem Wald, fühlt man sich mitten in der Natur. Im inneren Bezirk blüht die japanische Iris im Juni und verzaubert den Ort.

FLANIERMEILE Die Fußgängerzone **Takeshita-dōri** im Viertel Harajuku besitzt viele schrille, charmante, trendige, aber auch Grunge- und Gothic-Modeboutiquen. Die Straße zieht viele junge Leute an.

Hongkong

ÜBER DER STADT Einen spektakulären Blick über Hongkong und den Hafen erhalten Besucher:innen, wenn sie mit der ikonischen Standseilbahn Peak Tram auf den **Victoria Peak** tuckern. Los geht es an der Haltestelle Garden Road in Central.

Traditionelles Segelschiff in Hongkongs Hafen: Die Dschunke ist ein Schiff chinesischer Bauart und an ihren roten Segeln zu erkennen.

SINFONIE DER LICHTER Gemütlich lässt es sich bei einer **Dschunkenfahrt** durch den Victoria Harbour schaukeln. Das traditionelle Segelschiff bietet einen aufregenden Kontrast zur modernen City. Perfekt wird das Erlebnis, wenn um 20:00 Uhr die Lichtershow „Symphony of Lights" im Hafen startet.

„BIG BUDDHA" Der kolossale **Tian Tan Buddha** aus Bronze thront auf dem Berggipfel Muk Yue auf Lantau Island. Mit seinen 34 m Höhe ist er eine der größten sitzenden Buddhastatuen im Freien. Nach dem Erklimmen von 268 Stufen wartet als Belohnung eine tolle Aussicht.

Der taoistische Man-Mo-Tempel zaubert einen Ort der Ruhe und Besinnlichkeit im hektischen Stadtviertel Sheung Wan in Hongkong. Hier wird dem Gott der Literatur Man Cheong sowie dem Gott des Kampfes Mo Tai gehuldigt. Die Weihrauchspiralen, die von der Decke hängen, sollen die Aufmerksamkeit der Götter wecken. Die Farben Rot und Gold, die die Innenräume dominieren, stehen in China für Glück und Reichtum.

Kleines AIDA Lexikon

Kreuzfahrtneuling oder -routinier: Dieses Bord-ABC hilft selbst erfahrenen AIDA Gästen schnell weiter.

ABDREHEN
Die Kursänderung eines Schiffs.

ABLANDIG
Wenn der Wind seewärts weht, also vom Land zum Wasser. Das Gegenteil ist „auflandig".

ACHTERDECK
Das Hinterdeck des Schiffs, „achtern" heißt hinten.

AIDA CLUB
Bonusprogramm für AIDA Fans mit vielen Vorteilen. Die Namen der Clubstufen lauten Sun, Ocean, Smile und Kiss.

AIDA HEUTE
Die tagesaktuelle Bordzeitung, die die Gäste über das Tages- und Abendprogramm, Öffnungszeiten, Angebote an Bord und Sehenswertes an Land informiert, zu finden im digitalen myAIDA Bordportal.

AIDA REISEBERATUNG
Eine AIDA Reise kann im Reisebüro, beim AIDA Kund:innencenter unter +49 381 20 27 07 22, an Bord bei den AIDA Fernwehexpert:innen oder online auf aida.de gebucht werden.

BACKBORD
Die linke Schiffsseite in Fahrtrichtung.

BORDKARTE
Bei AIDA fungiert die Bordkarte, die jeder Gast erhält, als Kabinenschlüssel und Zahlungsmittel. Zudem braucht man sie bei Landgängen zum Aus- und Einchecken.

BRUTTO- UND NETTORAUMZAHL
Diese Maße – kurz: BRZ und NRZ – bezeichnen die Größe und das Volumen von Schiffen (früher: Brutto- und Nettoregistertonne). Nach ihnen berechnet man u. a. die Hafengebühren.

BUG
Der vordere Teil eines Schiffs. Seine spitz zulaufende Form begünstigt die Strömung. Dem Bug gegenüber liegt das Heck.

BUGLEINE
Auch Vorleine genannt. Sie ist eine von zwei Festmachleinen am Bug. Zwei weitere Festmachleinen befinden sich am Heck und je vier an den Seiten des Schiffs.

CREW
Die Besatzung des Schiffs, die den Urlaub zu einem einzigartigen Erlebnis macht. An Bord

arbeiten und leben Menschen aus bis zu 60 Nationen.

DECK
Die Etage eines Schiffs. Die obersten Kabinen sind auf dem Oberdeck, die untersten auf dem Hauptdeck. Auf AIDA Schiffen gibt es übrigens kein Deck 13 – auf Deck 12 folgt Deck 14.

DOCK
Die Anlegestelle wird Dock, Kai oder Pier genannt.

EINSCHIFFEN
Die AIDA Gäste gehen an Bord. Das Verlassen des Schiffs nennt man „Ausschiffen".

FAHRWASSER
Der Bereich im Meer, der die für Schiffe erforderliche Wassertiefe aufweist.

GENERAL MANAGER
Ein General Manager trägt die Verantwortung für alle Gästebereiche an Bord: Kabinen, Versorgung, Entertainment, Freizeit und Sport. Auch die Ausflüge an Land fallen in den Aufgabenbereich. Auf kleineren Schiffen heißt die Position Hoteldirektor:in.

HECK
Der hintere Teil eines Schiffs.

HOSPITAL
Jedes AIDA Schiff verfügt über ein modern eingerichtetes medizinisches Center. Die Sprechzeiten sind der Bordzeitung AIDA Heute zu entnehmen. Das Hospital ist auch für eine intensivmedizinische Betreuung ausgestattet. Die Ärzt:innen leisten eine Erstversorgung.

HOTELDIREKTOR:IN
Bezeichnung für den General Manager auf kleineren AIDA Schiffen.

INKLUSIVLEISTUNGEN
Die schönsten Verwöhnmomente sind bei AIDA bereits im Reisepreis enthalten – unabhängig davon, zu welchem Tarif die Reise gebucht wird. Dazu zählen u. a. Vollpension mit ausgewählten Getränken in den Buffet-Restaurants, vielseitiges Entertainment, Sportkurse und Fitnessstudio, Spaß und Action für Kids, Teens und Familien, herzlicher Service und viel Komfort.

JUNGFERNFAHRT
Die erste Reise mit Gästen, nachdem ein Schiff fertiggestellt wurde.

KABINEN
Das Urlaubszuhause: AIDA bietet bis zu 21 verschiedene Kabinenkategorien, die sich durch Größe, Lage und Ausstattung unterscheiden.

KAPITÄN:IN
Ist für Gäste, Crew und das gesamte Schiff verantwortlich.

KIDS CLUB
Für Kinder zwischen 3 und 11 Jahren bietet der Kids Club eine Betreuung durch die AIDA Gastgeber:innen. Ein eigenes Abenteuerland mit jeder Menge Spiel- und Bastelangeboten gibt es für die kleinen Entdecker:innen an Bord.

KIEL
Ein zentraler Bauteil des Schiffs. Der Kiel verläuft mittschiffs im Boden, quer zu ihm sind die Spanten angebracht. Gemeinsam tragen und stabilisieren sie das Schiff.

KIELWASSER
Das aufgewirbelte Wasser entsteht durch das darüberfahrende Schiff und bildet eine Art Wasserspur am Heck.

KNOTEN
Die Schiffsgeschwindigkeit wird in Knoten gemessen. 1 Knoten = 1 Seemeile pro Stunde = 1,8 Kilometer pro Stunde

KOMMANDOBRÜCKE
Die Kommandobrücke, kurz Brücke, befindet sich auf Kreuzfahrtschiffen immer vorn. Von hier aus wird das Schiff von Kapitän:innen gesteuert.

LOTSINNEN/LOTSEN
Diese kommen vom jeweiligen Hafen aus an Bord, kennen die lokalen Gegebenheiten und unterstützen die Schiffsbesatzung beim Navigieren. Lotsende weisen auf örtlich gegebene Risiken hin und geben Empfehlungen zum angemessenen Umgang mit ihnen. In den großen Häfen und auf großen Schiffen (über 90 m Länge und 13 m Breite) muss eine Lotsin/ein Loste an Bord sein.

LUV UND LEE
Luv heißt die Schiffsseite, die dem Wind zugewandt ist. Der Gegensatz zu Luv ist Lee. Dann ist die Schiffsseite vom Wind abgewandt.

MINI CLUB
Angebote für die kleinsten Gäste unter 3 Jahren mit Eltern-Kind-Spielzeit, Krabbeltreff und kostengünstigem Betreuungsservice ohne Eltern – nur auf den größeren AIDA Schiffen.

myAIDA
Den Zugang zum persönlichen Urlaubsportal erhält man nach der Buchung einer Reise. Hier kann man die Reise-Highlights vorplanen und reservieren. Wer noch nicht gebucht hat, nutzt unter aida.de/login den myAIDA Demo-Login.

PONTON
Oft eine verankerte Schwimmplattform. Sie ist transportfähig, aber selbst nicht fahrtauglich.

REEDE
Liege- oder Ankerplatz vor einem Hafen. AIDA Gäste werden in diesem Fall mit den Tenderbooten vom Kreuzfahrtschiff an Land und zurück an Bord gebracht.

RUDER
Die klassische Steuereinrichtung des Schiffs.

RUMPF
Der Teil des Schiffs (oder Bootes), der für die Schwimmfähigkeit verantwortlich ist und das Grundgerüst jedes Schiffs bzw. Bootes bildet.

SAIL AWAY
„Sail Away" heißt der Song von Martin Lingnau, der beim Auslaufen unserer Kussmundschönheiten gespielt wird.

SCHIFFSMANIFEST
Eine Art Stammdatenblatt, das alle Gäste vor der Reise ausfüllen müssen. Hier trägt man Informationen zur eigenen Person sowie Daten des Ausweisdokuments ein. Das Schiffsmanifest wird zum reibungslosen Ablauf beim Check-in, bei der Ein- und Ausreise in den Zielländern sowie für die gebuchten Ausflüge benötigt.

SEEGANG
Die Bewegung des Wassers, die vom Wind abhängig ist. Der Seegang wird in Wasserwellen gemessen, die in einer Seegangsskala von 0 bis 9 unterteilt sind.

SEEMEILE
Das nautische Längenmaß. Eine Seemeile entspricht exakt 1852 m.

SICHERHEITSEINWEISUNG
Noch vor dem Auslaufen aus dem ersten Hafen wird an Bord eine Sicherheitsübung durchgeführt, bei der die Gäste wichtige Informationen über die Rettungsmittel, den Brandschutz und ein sicherheitsgerechtes Verhalten an Bord erhalten. Alle Gäste sind zur Teilnahme verpflichtet.

SEETAG
Bezeichnet einen Tag, der auf hoher See verbracht und an dem kein Hafen angelaufen wird. Auf AIDA Schiffen gibt es eine große Erlebnisvielfalt mit Wellness, Sport, Entertainment, Workshops, Einkaufsmöglichkeiten und vielem mehr.

STAFFKAPITÄN:IN
Stellvertreter:in des/der Kapitän:in; im Ausfall übernimmt diese:r dessen/deren Aufgaben.

STEUERBORD
Die rechte Schiffsseite in Fahrtrichtung.

TEENS PROGRAMM
Für Teens zwischen 12 und 17 Jahren gibt es auf den AIDA Schiffen jeden Tag ein abwechslungsreiches und altersgerechtes Programm. Ob Sport, Ausflüge speziell für Teens, Movie Nights oder Disco – hier ist für alle etwas dabei.

TENDERBOOTE
Überdachte Beiboote, die das Schiff mitführt. Wenn es nicht direkt im Hafen anlegen kann, werden die Gäste damit an Land gebracht. Tenderboote sind immer auch Rettungsboote.

TIEFGANG
Ausgehend von der Wasseroberfläche (Wasserlinie), wird bis zum tiefsten Punkt des Schiffs gemessen. Das Ergebnis ist der Tiefgang.

TYPHON
Das riesige Signalhorn, das vor allem als Schiffs- und Nebelhorn eingesetzt wird.

WASCHSALON
An Bord aller AIDA Schiffe gibt es einen Waschsalon, in dem die AIDA Gäste für kleines Geld Wäsche selbst waschen können. Wer – gegen Entgelt – den Wäscheservice in Anspruch nimmt, muss sich um nichts kümmern.

WINSCH
Seilwinde, die am Schiff angebracht ist. Die Konstruktion hilft, den Anker einzuholen.

ZAHLUNGSMITTEL
Bordwährung ist der Euro. Als Zahlungsmittel dient die Bordkarte. Man kann bargeldlos zahlen oder begleicht die Rechnung vor der Abreise an der Rezeption.

Autor:innen und Fotografen

Auf AIDA Schiffen reisten sie um die Welt und kamen zurück mit einzigartigen Erlebnissen sowie fantastischen Bildern.

Jürgen Brand

AUTOR

„Jeden Tag die Welt neu entdecken, ganz nah und auch mal weiter!" – deswegen ist Jürgen Journalist geworden. Er lebt mit seiner Familie in Stuttgart, wo er 30 Jahre für eine große Tageszeitung die baden-württembergische Landeshauptstadt erkundete – was ihn sogar bis Dubai, New York und Havanna führte. Mitten in der Pandemie machte er sich als freier Journalist selbstständig. Von seiner AIDA Reise kam er zurück mit wunderbaren Begegnungen und einem eindrucksvollen Naturerlebnis am mächtigen Teide auf Teneriffa.

Jeanette Delosea

AUTORIN

Als Marketingmitarbeiterin eines Tourismusunternehmens arbeitet die studierte Betriebswirtschaftlerin für gewöhnlich viel mit Texten anderer Autoren. Umso schöner war es für sie, auf der AIDA Reise durch den Orient selbst einmal den Stift in die Hand zu nehmen. Nicht so schnell wieder vergessen wird sie das Funkeln der Mosaike, die Erhabenheit und Gigantomanie der arabischen Architektur, vor allem im Präsidentenpalast Qasr al Watan in Abu Dhabi. Die Rostockerin kennt die AIDA Schiffe gut, denn fast alle Ostseereisen beginnen in ihrem Heimathafen Warnemünde.

Gerald Hänel

FOTOGRAF

Als gebürtiger Rheinländer ist Gerald seit vielen Jahren in Hamburg heimisch und genießt die Elbe sowie den Hafen. Er träumte schon als Jugendlicher davon, Fotograf zu werden, um mit Bildern Geschichten zu erzählen. Darum studierte er an der Fachhochschule Bielefeld Fotodesign. Inzwischen ist Gerald in der ganzen Welt als Fotograf unterwegs. Auf seinen AIDA Reisen zu den Kanaren und durch die Ostsee entdeckte er seine neue Lieblingsstadt, Stockholm. Bereits die Fahrt während der Mitternachtssonne durch die Schären zur schwedischen Hauptstadt war herrlich.

Isabell Heinrich

AUTORIN

Gemeinsam mit ihrem Mann Mike lebt Isabell im schönen Münsterland. Sie liebt es, mit ihren Reiseberichten andere zu inspirieren und zu ermutigen, die Welt zu erkunden. Über ihre Erfahrungen und Erlebnisse berichtet sie seit 2017 in ihrem eigenen Reiseblog. Auf ihrer AIDA Reise beeindruckte Isabell der weite Strand in der White Bay auf der bezaubernden Insel Jost Van Dyke. Die einzigartige Karibikstimmung dort wurde von den riesigen Palmen und dem glasklaren türkisfarbenen Wasser umrahmt.

Juliane Israel

AUTORIN

Juliane lebt im idyllischen Drößnitz in der hügeligen Landschaft südwestlich von Jena. Sie liebt die Freiheit, die ihr der Beruf als Autorin ermöglicht. Außerdem lernt sie dabei immer wieder neue Geschichten, Länder und Menschen kennen. Eigentlich ist Juliane Archäologin und wirkt immer noch an Audioguide-Apps für historische Orte, Natur- und Kulturwege sowie Städte mit. Deshalb und dank ihrer Autorentätigkeit hat es sie bereits um die halbe Welt verschlagen, ihr Lieblingsland ist Mexiko. Auf ihrer Reise mit AIDAprima genoss sie den Blick über die norwegischen Fjorde.

Monika Mai

AUTORIN

Monikas Zuhause ist Hamburg – ihre Perle! Sie liebt es, gute Geschichten zu lesen und zu erzählen. Deshalb studierte Monika Geschichte, Europäische Ethnologie sowie Kulturwissenschaften und arbeitete als Ausstellungsmacherin unter anderem für das Deutsche Historische Museum in Berlin. Als Autorin schreibt sie heute Reisereportagen rund um den Globus. Und 2023 erscheint ihr erster historischer Roman! Besonders in Erinnerung blieb Monika auf ihrer AIDA Reise die Katamaranfahrt durch die Algoa Bay in Südafrika, wo sie neugierigen Delfinen begegnete.

Sylvia Pollex

AUTORIN

Sylvia lebt in Leipzig und in Südtirol, weil sie die Urbanität und die Natur gleichermaßen liebt. Das Erzählen von Geschichten in Worten oder Bildern ist ihre Leidenschaft. Viele Jahre leitete sie eine Fotoagentur, bevor sie begann, eigene Texte für Magazine und Redaktionen zu schreiben – so auch zwei „Eskapaden"-Reiseführer für DuMont. Einen einzigartigen Moment auf ihrer AIDA Reise erlebte Sylvia, als sie mit ihren Kindern auf dem Balkon ihrer Kabine saß, aufs Meer schaute und sie plötzlich Delfine im Wasser entdeckten.

Thomas Rötting

FOTOGRAF

Zum Teil lebt Thomas in seiner alten Heimat Leipzig und mit Kind und Kegel in den Bergen Südtirols. Als Fotograf liebt er die Abwechslung in seinem Job und das Kennenlernen unterschiedlicher Menschen. Thomas bereiste fast jeden Winkel Asiens und freute sich nun, mit AIDA das Mittelmeer, den Orient und die Karibik zu erkunden. Besonders im Gedächtnis geblieben ist ihm die Silent Party am Strand von Sir Bani Yas. Mit den Kopfhörern auf den Ohren tanzten die Leute ausgelassen und trällerten die Songs lautstark mit. Auch ohne Kopfhörer ein besonderes Erlebnis!

Tom Schulze

FOTOGRAF

Tom lebt in Leipzig und hatte sich schon früh vorgenommen, irgendwann als Fotograf um die Welt zu reisen. Neben seinen Fotojobs in Deutschland kam er dank Aufträgen von Reiseverlagen schon in viele verschiedene Länder. Im Gegensatz zu Norwegen kannte er Südafrika bereits und freute sich umso mehr, dass er das Land nun mit AIDA vom Wasser aus bereisen konnte. Am meisten faszinierten ihn die Sonnenuntergänge bei einem Glas Wein und der Flug über die Namib – der dem Flug mit dem Wasserflugzeug im norwegischen Eidfjord in nichts nachstand.

Daniel Völpel

AUTOR

Daniel wohnt in der Nähe von Stuttgart und reist von dort abwechselnd in die Berge und ans Meer. Aus Neugier auf die vielfältigen Themen des Lebens wurde er Journalist. Dafür studierte er Geschichte und Politikwissenschaften, arbeitete nebenbei bereits als Reporter und wurde Tageszeitungsredakteur. 2009 macht er sich als freier Journalist selbstständig. Sein persönliches Highlight auf der AIDA Reise war die Fahrt mit dem Schiff durch Schwedens Schärengarten mit den kleinen Inselchen im goldenen Morgenlicht.

Register

Bildnachweis

Adobe Stock: S. 44/45 (Alex); 49 o. (katatonia); 46 u. (Marcos); 60/61 (matimix); 124 u. (Mikolaj Niemczewski); 210/211 (Nido Huebl); 184/185 (PHOTOPOLITAIN); 151 u. (Tupungato); Klappe vorne innen (zephyr_p) **Autumn Sonnichsen:** S. 61 o. **Christian Lietzmann:** S. 9 **DuMont Bildarchiv:** S. 86/87 (Olaf Meinhardt) **Felix Gänsicke:** S. 6, 68 o., 206 u., 206/207 **Gabriel Manz:** Titel **Gerald Hänel:** S. 5 M. r., 40–43, 45 o. und u., 46 o., 47 o., 48 u., 50/51, 53–54, 55 o., 58, 68 u., 70, 71 o. l., 72 o., 73 u., 74–75, 80 o., 218 o., 221 u. **huber-images:** S. 113 o. (Alessandro Saffo); 117 (Anna Serrano); 185 o., 186/187 (Antonino Bartuccio); 116 u. (Davide Erbetta); 110/111 (Frank Lukasseck); 34/35 (Luigi Vaccarella); 63 u., 82/83, 184 u. (Reinhard Schmid); 39 o. (Richard Taylor); 151 o. (Susanne Kremer) **iStock:** S. 55 u. (ozgurdonmaz); 84/85 (Riekkinen) **Julian Pircher:** S. 25 o., 47 u., 80 u. **Kristina Hader:** S. 83 o. r., 96, 111 l. und r., Klappe hinten innen **laif:** S. 112/113 (Dagmar Schwelle); 38 u., 44, 57 u. (Gerald Hänel); 88 u., 89 o. (Gulliver Theis); 88/89 (hemis.fr/Emmanuel Berthier); 150 u. (hemis.fr/Marc Dozier); 61 u. (hemis.fr/Stephane Frances); 16 u. (Henning Bode); 211 o. (Lutz Jaekel); 153 r. (Monica Gumm); 89 u. (Peter Hirth); 56/57 (robertharding/Carlo Morucchio); 59 u. (robertharding/Frank Fell) **Leonard Pollex:** S. 220 M. **LIQUID Photography:** S. 66/67, 68/69, 71 o. r. und u., 72/73, 73 o., 78–79, 83 o. l. und u., 123 u., 127 o., 131, 136 o., 160 o., 160/161, 161, 162 o. l. und u., 166/167, 170, 173 o., 174 u., 175, 178, 195 u., 197–199 o., 202 l., 220 u., 221 o. **lookphotos:** S. 115 o. (Holger Leue) **mauritius images:** S. 39 u. (age fotostock); 116/117 (Alamy/Santorines); 86 u. (Alamy/Suomi/Petr F); 33 o. (Alamy/Tatiana Dyuvbanova); 87 u. (imagebroker/Martina Katz); 32 u. (Pitopia) **Mayk Azzato:** S. 48 o. **Partner Ship Design:** S. 7 **picture alliance:** S. 208/209 (imagebroker/XYZ Pictures); 207 u. (robertharding/Lee Frost) **Shutterstock:** S. 56 o. (Aleksandar Todorovic); 134 u. (Altin Osmanaj); 62 (Andrei Medvedev); 33 u. (Anibal Trejo); 35 u. (badahos); 37 u. (basiczto); 21 r. (BlueGreen); 147 o. (Chrispictures); 150/151 (Damsea); 134 o. (Don Mammoser); 114/115 (Duntrune Studios); 127 u. (Enzo Arioli Bildstein); 211 u. (ESB Professional); 114 u. (EvaL Miko); 62/63 (EyesTravelling); 63 o. (Fominayaphoto); 152/153 (Gary C. Tognoni); 209 o. (Gekko Gallery); 87 o. (INTREEGUE Photography); 59 o. (JardyS Foto); 209 u. (Juanamari Gonzalez); 49 u. (Jürgen Wallstabe); 207 o. (Kletr); 212/213 (kylauf); 113 u. (Littleaom); 32/33 (Maria_Usp); 146/147 (Marti Bug Catcher); 130 u. (NAPA); 16 o. (Nik Waller Productions); 139 o. (nodrama_llama); 37 o. (Oleg Troino); 112 u. (ovalagncy); 153 l. (PaniYani); 139 u. (patdu photography); 38/39 (Pocholo Calapre); 147 u. (posztos); 21 l. (ppart); 36 u. (RavenEyePhoto); 115 u. (Roman Sigaev); 34 u., 36/37 (RUBEN M RAMOS); 57 o. (Salvador Aznar); 137 u. (Sevenstock Studio); 208 u. (Southtownboy Studio); 140 u. (spacaj); 173 u. r. (Sunshine Seeds); 18 u. (Svetlana Monyakova); 185 u. (Teresa Otto); 136/137 (Trescott Myers); 195 o. (XSLT Studio); 210 u. (YueStock) **Silje Paul:** S. 60, 152 u. **Skynamic:** S. 196 **Thomas Rötting:** Klappe vorne außen, 2/3, 5 o. l., o. r. und u. l., 90/91–95, 97–105, 107–109, 118/119–123 o., 124 o., 125–126, 128/129, 130/131, 132–133, 135, 137 o., 138, 140 o., 141–143, 145–146 o., 148, 188/189–193, 194 o. l., 194/195, 199 u., 200, 202 r., 203–205, 218 u., 219 M. **Tom Merkel:** S. 35 o., 64/65, 76/77, U4 **Tom Schulze:** S. 5 M. l. und u. r., 8/9, 10/11–14/15, 17, 18 o., 19–20, 22/23–24, 25 u.–28, 30–31, 154/155– 158/159, 162 o. r., 163–164, 168–169, 170/171–172, 173 u. l., 174 o., 176–177, 179–181, 219 o. und u., 220 o.

Illustrationen: **Jessine Hein**

Impressum

Autor:innen: Jürgen Brand, Jeanette Delosea, Isabell Heinrich, Juliane Israel, Monika Mai, Sylvia Pollex, Daniel Völpel

Cover- und Buchgestaltung: red.sign, Alexanderstr. 171, 70180 Stuttgart

Lektorat & Produktion: red.sign, Alexanderstr. 171, 70180 Stuttgart

Korrektorat: Gabi Franz; NUREG GmbH, Dorfäckerstraße 31, 90427 Nürnberg
Weitere Mitarbeit: Fluent AG, Herrengraben 31, 20459 Hamburg

www.dumontreise.de

Genehmigte Lizenzausgabe für AIDA Cruises, German Branch of Costa Crociere S. p. A., Am Strande 3 d, 18055 Rostock, Deutschland, www.aida.de, info@aida.de

MAIRDUMONT Business Solutions
Marco-Polo-Straße 1, 73760 Ostfildern, b2b@mairdumont.com, b2b.mairdumont.com

Projektverantwortung: MAIRDUMONT Business Solutions, Marco-Polo-Str. 1, 73760 Ostfildern, b2b.mairdumont.com, Daniela Grewe

FSC
www.fsc.org
MIX
Papier | Fördert gute Waldnutzung
FSC® C018236

Printed in Poland

978-3-616-03186-6

Carbon neutral
Print product
ClimatePartner.com/12995-2302-1021